Beatrice Prinzessin von Bayern

Die Tür, durch die wir alle gehen

Beatrice Prinzessin von Bayern
mit Diana Gräfin zu Waldburg-Zeil

Die Tür, durch die
wir alle gehen

Meine Erfahrungen in der Hospizbewegung

HERDER

FREIBURG · BASEL · WIEN

© Verlag Herder GmbH, Freiburg im Breisgau 2008
Alle Rechte vorbehalten
www.herder.de

Umschlagkonzeption und -gestaltung:
Groothuis, Lohfert, Consorten | glcons.de

Satz: Barbara Herrmann, Freiburg
Herstellung: fgb · freiburger graphische betriebe
www.fgb.de

Gedruckt auf umweltfreundlichem, chlorfrei gebleichtem Papier
Printed in Germany

ISBN 978-3-451-29808-0

Inhalt

1. Erste Erfahrungen mit Krankheit und Leid 9

2. Eine klare Entscheidung 28

3. Wirklich zuhören können 49

4. Erster Ausflug in die Praxis 63

5. Warum wir lernen müssen, den Tod als Teil des Lebens
   zu sehen 86

6. Menschlich sterben 98

7. Sterben ohne Schmerzen 107

8. Das Engagement wird konkret 116

9. Was ich in der Hospizarbeit fürs Leben lernte 125

10. Eine Begegnung der besonderen Art 134

11. Glücksbringende Momente 142

12. Ein Weihnachtswunder 151

13. Die Frage nach dem „Danach" 157

14. Hospizhelfer als Trauerbegleiter 167

15. Wenn Kinder unheilbar krank sind 175

16. Wie die Hospizbewegung mein Leben verändert hat   182

Dank 188

Schlußstück

Die Tür, durch die wir alle gehen.
Der Tod ist groß.
Wir sind die Seinen
lachenden Munds.
Wenn wir uns mitten im Leben meinen,
wagt er zu weinen
mitten in uns.
(Rainer-Maria Rilke)

1. Erste Erfahrungen mit Krankheit und Leid

Noch vor einigen Jahren war ich mit Begriffen wie Hospiz-arbeit, Sterbebegleitung oder Patientenverfügung restlos überfordert. Diese Worte gehörten nicht zu meinem Wort-schatz und, um ehrlich zu sein, ich hatte sie darin auch noch nie vermisst. Meine damalige Umgangssprache kam ganz gut ohne sie aus und als junge Frau und Mutter dreier allzu lebendiger Buben lag mir nichts ferner, als mich mit humanem Sterben und Ähnlichem zu beschäftigen. Ich war ganz zufrieden damit, meine aus den Nähten platzenden Tage halbwegs „human zu überleben".

In der Zwischenzeit ist vieles in meinem Leben geschehen und manches hat sich geändert. Vor allem ich habe mich geän-dert. Heute weiß ich, dass Palliativ-Medizin keine medizi-nische Erstversorgung nach dem Genuss einer verdorbenen Paella darstellt, und ich weiß auch, dass es Dinge in unser aller Leben gibt, vor denen wir die Augen nicht verschließen kön-nen und dürfen. Es gibt Dinge, die nicht zu leugnen und nicht zu verleugnen sind, weil sie unabänderbare Tatsachen sind. Vieles, allzu vieles ist in unserer heutigen Zeit ungewiss, stän-digem Wandel und steter Veränderung unterworfen. Damit müssen wir klarkommen, ob wir wollen oder nicht.

Wirklich sicher ist in unserem Leben nur eines: Jeder von uns, Sie genauso wie ich, muss eines Tages sterben. Und auch damit müssen wir klarkommen, ob wir wollen oder nicht. Und genau aus diesem Grund sitze ich nun hier an meinem Computer und schreibe diese Zeilen. Nicht weil ich mich langweile oder nichts anderes zu tun hätte, sondern weil ich tatsächlich nichts Besseres zu tun habe.

Ich habe nichts Besseres und Wichtigeres zu tun, als Ihnen davon zu erzählen, wie der Umgang mit dem Tod mich und mein Leben verändert hat. So absurd es klingt, es entspricht den Tatsachen: Der Tod hat mein Leben verändert. Und nicht nur das, er hat mein Leben bereichert und intensiviert. Er hat mir einen anderen Blick für die Wirklichkeit, für das Wesentliche geschenkt. Die Erfahrungen, die ich in den letzten Jahren machen durfte, will ich nicht für mich alleine behalten. Ich will sie weitergeben und teilen.

Oft verhält es sich im Leben so, dass wir meinen, der Zufall hätte uns geleitet und geführt, hätte uns in die eine oder andere Situation gebracht und uns dieses oder jenes beschert. Im Nachhinein stellt sich dann aber doch heraus, dass Begebenheiten, Begegnungen und das berühmte Phänomen des „sich zur rechten Zeit am rechten Platz Einfindens" so zufällig gar nicht sind. Wir stellen fest, dass vieles, das auf den ersten Blick rein zufällig in unser Leben tritt, sich eigentlich schon länger abgezeichnet und angekündigt hat. Dass auch wir, bewusst oder unbewusst, das Unsrige dazu beitragen, um Entwicklungen voranzutreiben und Veränderungen herbeizuführen. Und so sind es im Grunde wir selbst, die dafür sorgen, dass uns etwas „zufällt".

So bin ich davon überzeugt, dass es ganz bestimmt kein Zufall war, der mich vor einigen Jahren in das bayerische Sozialministerium führte. Schon seit Längerem engagierte ich mich, soweit es meine Zeit erlaubte, für verschiedene karitative Einrichtungen und Organisationen. Vor allem für solche, die die Interessenvertretung von Kindern zum Inhalt und Ziel haben.

Gerade die Not und der Schmerz von Kindern, die durch Krankheit in eine Situation des Leids geraten, das selbst für Erwachsene kaum auszuhalten und zu ertragen scheint, löst bei mir seit jeher heftige Reaktionen aus. Bestimmt kennen Sie diese Gefühle der ohnmächtigen Wut, der Hilflosigkeit und des großen „Warum", die uns wohl alle in solchen Situationen umtreiben. Der Anblick eines leidenden Kindes ist für mich unerträglich und nur schwer auszuhalten. Ich weiß, dass ich damit nicht alleine bin, und dennoch frage ich mich oft, ob mir vielleicht selbst noch die Angst und das Gefühl des Verlassenseins, die ich als Kind erfahren habe, in den Knochen bzw. in der Seele stecken. Ob ich vielleicht deswegen mit den Kindern so mitleide, weil ich selbst noch allzu gut weiß, wie sich dieses „Kranksein" anfühlt.

Als Sechsjährige erlitt ich bei einem schweren Autounfall eine Schädelfraktur und war gezwungen, für vier Monate im Krankenhaus zu liegen – oder besser gesagt, die Ärzte und Schwestern „zwangen" mich, so bewegungslos und ruhig wie nur möglich in meinem Bettchen zu liegen und vor allem eines tunlichst zu vermeiden: zu weinen! „Weinen ist viel zu anstrengend für deinen Kopf! Also reiß' dich zusammen! Weine nicht, sonst wirst du nicht gesund!" Großartig!

Nichts fällt einer Sechsjährigen wohl leichter zu verstehen und zu befolgen als diese Anweisung! Heute noch, wenn ich meine Augen schließe und an diese Zeit zurückdenke, steigt dieses Gefühl des Verlassenseins, der Hilflosigkeit, der Angst und des Nicht-verstehen-Könnens in mir auf. In meiner „Gedächtnis-Nase" steckt noch heute dieser Krankenhausgeruch. Diese Mischung aus Desinfektionsmitteln, Großküche und Linoleum. Und dann die Geräusche! Allesamt gedämpft, irgendwie nicht real, wie von einem anderen Stern kommend, und immer wieder unterbrochen durch das monotone Piepsen der Notfallklingeln und das Scheppern irgendwelcher schwer zu manövrierender Reinigungs-, Visitenzubehör- oder Essensschlachtschiffe.

Natürlich waren die Ärzte und die Schwestern sehr

freundlich und nett zu mir. Natürlich bekam ich Besuch von lieben Tanten und Onkeln und natürlich war da mein Vater, der mich tröstete und immer wieder „motivierte". Aber da waren auch diese endlosen Stunden, vor allem nachts, in denen man als Kind in einem Krankenhauszimmer zu einem winzigen, sich verlierenden Pünktchen im Universum wird. Natürlich war ich tapfer. Irgendwie schaffte ich es auch, nicht zu weinen, auch wenn ich große Schmerzen hatte und meine Mutter und meine kleine Schwester schrecklich vermisste, die selbst irgendwo in einem Zimmer in dieser feindlichen „Galaxie Krankenhaus" lagen und mich nicht besuchen durften. Die bestgemeinte und herzlichste Zuwendung war immer nur vorübergehend. Zurück blieb ich, ganz alleine mit meiner Angst. Na ja, ganz alleine war ich zum Glück nicht. Ich hatte eine sogenannte Strickliesl bei mir, die mein Vater mir geschenkt hatte. Dieses bunt bemalte Holzteil produzierte, wenn man es geschickt anstellte, endlose Strickwürste und ich verbrachte Stunde um Stunde damit, mit schwitzenden Händchen, die Häkelnadel krampfhaft umklammert, Strickwurst um Strickwurst zu erzeugen, während die Knopfaugen der treuen Holz-Liesl mich anstierten.

Heute meine ich auch zu wissen, dass mein absolut gestörtes Verhältnis zu Nadeln wohl aus dieser Zeit stammen muss. In meiner Erinnerung hing ich Tag und Nacht an irgendeinem Tropf und die steten Infusionen wollten kein Ende nehmen. Der Anblick eines weiß gekleideten Menschen, der sich mir mit einer Nadel nähert, löst in mir immer noch akute Fluchtgedanken und Panikgefühle aus. Kein Wunder, dass ich zu jeder Blutabnahme mit Kreislauf- und Rescuetropfen erscheine. Am liebsten würde ich mir eine Vollnarkose verpassen lassen, wenn die nicht auch mittels intravenöser Injektion erfolgte.

Vielleicht war dieser Krankenhausaufenthalt, der nicht der einzige in meinem Leben bleiben sollte, auch der Grund dafür, dass ich mich Jahre später, als auf unserem Gymnasium ein Sozialprojekt an einem Wiener Kinderkrankenhaus gestartet wurde, spontan bereiterklärte, daran teilzunehmen und meine Freizeit fortan mit den Kindern der Krebsstation zu verbringen.

Soweit meine schulischen Leistungen es erlaubten, verbrachte ich nun jede freie Minute in diesem kleinen Krankenhaus. Ich war beeindruckt davon, dass in diesen Gängen nicht der so vertraute, bereits beschriebene „Krankenhausduft" in der Luft lag, der in meiner Erinnerung allem und jedem anhaftete. Dass die Krankenzimmer freundlich und hell waren und mit bunten Bildern an den Wänden und frischen Farben eine nahezu fröhliche und unbeschwerte Stimmung verbreiteten. Hier war alles darauf ausgerichtet, eine möglichst kindgerechte und heimelige Atmosphäre zu schaffen und den kleinen Patienten ihren Aufenthalt damit wenigstens ein bisschen zu erleichtern. Doch auch schon damals litt das Gesundheitswesen an einem seiner schwersten und größten Probleme: zu wenig Personal und zu wenig Zeit! Aus diesem Grund waren wir Jugendlichen nun aufgerufen, den Kleinen ein wenig Zerstreuung zu bringen und sie spielerisch zu beschäftigen.

Wie gerne kam ich dieser Aufforderung nach! Nur allzu gut wusste ich, wie endlos lange die Tage für ein Kind im Krankenhaus sind und wie willkommen auch schon die kleinste Abwechslung und Veränderung im ewig gleichen Tagesablauf ist! Niemals werde ich die Stunden vergessen, die ich mit den zum Teil schwerstkranken Kindern verbrachte. Wir spielten miteinander, bastelten, sangen. Ich las Geschichten vor und machte mich für die Kinder zum Clown. Und manchmal reichte es auch schon, einfach nur da zu sein und ein Kind im Arm zu halten, es zu berühren und zu streicheln.

Heute noch beschämt es mich, wie tapfer diese kleinen Kranken waren. Mit welcher Würde und oft auch Selbstverständlichkeit sie ihre Krankheit und ihr Leid trugen und annahmen. Und wie überraschend schnell es gelang, ein Lächeln in ihre auffallend ernsten Augen zu zaubern und sie zum Lachen zu bringen. Wie zerbrechlich wirkten diese Kinder mit ihren oftmals kahlen Köpfchen und den von der Chemotherapie gezeichneten Körpern. Wie zerbrechlich und doch auch unbeugsam und stark! Ihrem Alter entsprechend wussten alle diese Kinder über ihre Krankheit und die damit verbundenen möglichen Folgen Bescheid. Die meisten erzählten mir „so nebenbei" davon. Ich weiß noch, wie mir der Atem stockte, als ein kleiner Junge mich bat, eines seiner Lieblingslieder wieder und immer wieder zu singen. „Weißt Du", sagte er lächelnd, „ich mag dieses Lied halt so gerne und vielleicht bin ich schon bald tot. Da muss ich es doch singen, solange ich noch lebe ..." Ich erinnere mich auch ganz genau an ein kleines Mädchen mit einem rot gepunkteten Kopftuch. Das trug es, um seinen Haarausfall zu verbergen. Auf meine Frage, was sie denn spielen wolle, antwortete sie mir ziemlich knapp und direkt: „Also mit mir musst du jetzt gar nichts spielen, weil morgen gehe ich vielleicht schon zum lieben Gott. Aber der Bub dort drüben, dem ist von den Tabletten so schlecht, der freut sich bestimmt, wenn Du mit ihm spielst ..."

Uff! Es war nicht immer leicht, die Fassung zu bewahren, und oft musste ich mich zusammenreißen, um inmitten der Kinder nicht in haltloses Schluchzen auszubrechen. Ich bin überzeugt, wenn es mir doch einmal passiert wäre, dann hätten mich die Kleinen wahrscheinlich getröstet und versucht, mich davon zu überzeugen, dass alles halb so schlimm sei.

Ich frage mich oft, ob ich damals als Sechsjährige im Krankenhaus auch so tapfer gewesen war. Wahrscheinlich schon, ich kann mich bloß nicht mehr erinnern. Warum nur gelingt es Kindern oftmals besser als uns Erwachsenen, mit Schmerz und Leid umzugehen? Was haben die Kinder uns da voraus? Was können sie, was wir nicht können? Ich glaube nicht, dass unser Problem darin liegt, dass uns ein Mickey-Maus-Eis zum Nachtisch nicht mehr wirklich zu euphorischen Begeisterungsstürmen hinzureißen vermag oder wir uns nicht von einer roten Pappnase auf des „Onkel Doktors" Nase von der drohenden Spritze ablenken lassen können. Ich glaube eher, dass es daran liegt, dass die Kinder im Augenblick zu sein vermögen. Eine Kunst, die uns Erwachsenen leider immer früher abhandenkommt. Kinder sind immer 100 Prozent im Hier und Jetzt.

Das gilt für Gutes wie auch für Schlechtes. Während wir Erwachsenen wissen, dass der Schmerz, der uns quält, dank des Schmerzmittels bald verschwunden sein wird, müssen Kinder ihren Schmerz genau hier und jetzt aushalten. Was in zehn oder fünfzehn Minuten sein wird, interessiert ein Kind nicht, denn es hat jetzt Schmerzen. Dafür denkt es aber auch nicht so viel darüber nach, was in näherer oder fernerer Zukunft mit ihm geschehen wird, und kann den schmerzfreien Augenblick unbeschwert genießen, während für uns Erwachsene dann wieder das Grübeln und das Denken anfängt. All diese Kinder, die ich damals kennenlernen durfte, waren und sind für mich echte Helden, von denen wir Erwachsenen so viel lernen könnten.

Ich erinnere mich auch noch gut an die Gespräche mit meinen damaligen Freundinnen, die auf anderen Stationen des Krankenhauses beschäftigt waren. Was alle anfangs am meisten quälte, war die Tatsache, dass diese Kinder nicht in unser herkömmliches Weltbild passten. Kinder gehörten der gängigen Vorstellung nach auf Spielplätze, bunte Wiesen und andere schöne und unterhaltsame Orte. Kinder, wie wir sie sahen oder besser, sehen wollten, hatten Spaß und Freude am Leben, und der größte Schmerz, der ihnen zustieß, war durch ein heruntergefallenes Eis oder ein aufgeschlagenes Knie verursacht. Diese Bilder standen meinen Freundinnen im Umgang mit den kleinen Kranken am meisten im Wege. Und erst als sie diese Vorstellungen losließen und die Wirklichkeit annahmen, so wie sie auch sein kann, verschwand die Beklommenheit und die Befangenheit im Umgang mit den kleinen Patienten. Ich selber hatte damit am wenigsten Probleme. Nur allzu gut wusste ich aus eigener Erfahrung, dass Kinder auch sehr, sehr krank sein können.

Ich möchte nicht den Eindruck erwecken, dass meine Kindheit und Jugend ausschließlich aus Krankenhausaufenthalten bestand, seien es nun erzwungene oder freiwillige. Dies war durchaus nicht der Fall. Im Großen und Ganzen war ich ein ganz normales Mädchen, das seine Erfahrungen machte. Natürlich war ich traurig, dass für mich nach dem Unfall viele interessante Sportarten wie Skifahren, Reiten, Eislaufen gestrichen waren. Natürlich wurmte es mich auch manches Mal, dass ich in der Schule immer die Älteste war, denn da ich mit sechs Jahren erst wieder gehen und sprechen lernen musste, verlor ich ein ganzes Schuljahr. Heute noch bewundere ich meine Eltern dafür, mit welcher Liebe und Geduld sie mich wieder lebensfähig machten. Zwar ist meine rechte Körperhälfte bis heute schwächer als die andere und nicht so belastbar.

Doch bis zu dem Tag, an dem bei mir im Alter von 23 Jahren der Verdacht auf Knochenkrebs geäußert wurde, lief eigentlich alles ganz rund: Ich wuchs heran, pubertierte zum Entsetzen meiner Mutter und anderer heftig, verliebte mich immer in den Falschen, machte mein Abitur, tanzte auf Festen und war wie alle Mädchen in diesem Alter. Auch ich tat mich, wie so viele junge Menschen, mit meiner endgültigen Berufswahl schwer, da ich nicht zu der begnadeten Minderheit an Leuten zählte, die bereits mit fünf Jahren ganz genau wissen, dass sie Bienenzüchter oder Steuerberater werden wollen – und es dann tatsächlich auch werden. Ich unternahm einige Anläufe, beziehungsweise Ausflüge in die unterschiedlichsten Bereiche, ehe meine medizinische Ausbildung und Tätigkeit mich von Krankenhaus zu Krankenhaus führte. Eigentlich war meine Welt damals ganz in Ordnung. Mein Beruf machte mir Freude, ich hatte Erfolg und war auch sonst zufrieden. Wenn da nicht so ein eigenartiger Schmerz in meiner rechten Hüfte gewesen wäre ...

Eine ganze Weile gelang es mir, dieses Ziehen zu ignorieren, bis ein Freund meinte, mein Gang bereite ihm Sorgen: Von Weitem nahend wirkte ich offenbar wie ein betagter, vom Leben gezeichneter Schwerstarbeiter! Diese Bemerkung reichte mir! Drei Tage später saß ich in einer orthopädischen Praxis, wo ein sichtlich beunruhigter Arzt mir meine Röntgenbilder unter die Nase hielt und ernsthaft bezweifelte, ob es für mich überhaupt noch in Frage käme, selbstständig einen Koffer zu packen. Eigentlich tendierte er eher dazu, mich unverzüglich ins Krankenhaus bringen zu lassen. In meinem rechten Hüftgelenk war ein hühnereigroßer Tumor entdeckt worden, der den Knochen bereits so weit ausgehöhlt hatte, dass das Gelenk kurz vor dem Durchbruch stand.

Nun, selbstverständlich packte ich meinen Koffer persönlich, ehe ich ins Krankenhaus ging.

Es fällt mir schwer zu beschreiben, was in mir vorging, nachdem ich diese Diagnose erhalten hatte. Irgendwie kam ich mir vor wie in einem Film, in dem ich die Hauptdarstellerin war. Bloß gefiel mir die dramatische Rolle, die ich darin spielen musste, überhaupt nicht. Das hatte doch nichts mit mir zu tun. Und außerdem hatte ich weder Zeit noch Lust, mich nach diesem neuen Drehbuch zu richten. Ich hatte ganz andere Pläne. Da waren meine Arbeit, das Abendessen mit Freunden, das geplante nächste Wochenende ... Das alles konnte doch nicht von einem Augenblick auf den anderen hinfällig, nichtig, bedeutungslos sein. Dachte ich! Doch ich irrte mich. Denn genau das war mein gewohntes Leben mit einem Mal: hinfällig, bedeutungslos, nichtig! Von einer Sekunde auf die andere hatten sich die Wertigkeiten vollkommen verändert, die Prioritäten neu geordnet. Ich war ein bisschen wie in Trance und fühlte mich sehr hilflos. Kein Wunder, der Boden war mir unter den Füßen weggerissen worden ...

Also kam ich wieder in die Klinik. Lag in einem Bett, in einem Zimmer, in einem Krankenhaus. Das kannte ich schon. Bloß war ich diesmal nicht sechs Jahre alt. Diesmal war ich schon so erwachsen, dass mir die Gnade des Im-Augenblick-sein-Könnens abhandengekommen war. Ich hatte Angst, schreckliche Angst, die ich vor allem verdrängen und verbergen wollte. Vor meinen Eltern und vor mir. Meine Gedanken kreisten immer wieder um das Wort „Knochenkrebs". Und diese Gedanken schufen Bilder in meinem Inneren, die so furchtbar waren, dass ich am liebsten davongelaufen wäre. Doch in einer solchen Situation gibt es kein Davonlaufen. Das habe ich am eigenen Leibe erfahren. Und es gibt auch keinen echten Trost, den ein anderer spenden könnte. Denn die anderen wissen nicht, wie es sich anfühlt, sich selbst entfremdet und sich seiner doch so glasklar bewusst zu sein. Sie gehen wieder nach Hause in ihr normales Leben, zwar tieftraurig und aufrichtig mit mir mitfühlend, aber sie gehen nach Hause. Und ich bleibe zurück. Mit meiner Angst, die mir keiner nehmen kann. Auch Gott nicht. Denn in diesem Augenblick habe ich ihn ernsthaft und, ich gebe es ehrlich zu, ziemlich wütend gefragt, was das eigentlich alles soll.

Der Verdacht auf Knochenkrebs bestätigte sich nicht. Als ich diese wundervolle Nachricht nach der Operation erhielt, war es, als ob mir zum zweiten Mal mein Leben geschenkt wurde. Ich konnte es diesmal als ein ganz bewusstes Geschenk erkennen und annehmen. Und doch, so erschreckend schnell meine Welt aus den Fugen geraten war, so erschreckend schnell fügte sie sich auch wieder zusammen. Zurück blieb eine beeindruckende Narbe, die zur Perfektion getriebene Fertigkeit, mich mit Krücken fortzubewegen, und das Wissen, dass unsere scheinbar so sichere, persönliche Welt innerhalb von Sekunden auseinanderbrechen kann.

Und dann blieb auch noch die interessante Erfahrung, dass mein gesamtes Umfeld in der Zeit, in der ich auf Krücken lief, ausschließlich aus anderen Krücken-Läufern zu bestehen schien. Ich stellte mir damals die Frage, ob ich bislang eigentlich blind gewesen war. Die unzähligen Menschen, die wie ich auf Gehhilfen durch die Gegend schlurften, die konnten doch nicht über Nacht aus irgendeinem Loch gekrochen sein. Diese Vorstellung erschien mir ziemlich unwahrscheinlich. Ich denke, ich machte damals zum ersten Mal die Entdeckung, wie subjektiv und eingeschränkt unser Blickwinkel und unsere Wahrnehmung sind. Vor allem aber auch, wie abhängig sie von unserer inneren Einstellung sind. Wenn es mir gut ging, dann sah ich meine Leidensgenossen und fühlte mich nicht alleine mit meiner Behinderung. Wenn es mir aber schlecht ging, dann verblassten die Krücken-Schlurfer, verkrochen sich in ihr imaginäres Loch, und diese Erde war ausschließlich von dynamischen, kraftvollen Lang- und Kurzstreckenläufern besiedelt. Ich bin sicher, dass jeder von uns dieses Phänomen kennt. Denn jeder hat wohl schon mindestens einmal die schmerzliche Erfahrung gemacht, dass in Zeiten quälenden Liebeskummers die Welt vor glücklich verliebten Pärchen schier aus den Nähten zu platzen scheint.

Und so verändert sich wohl, jedem menschlichen Zustand entsprechend, das subjektive Bild dieser Welt.

Das nächste einschneidende Erlebnis, das mich wohl auf den Weg gebracht hat, den ich heute gehe, liegt noch gar nicht so lange zurück. Ich hatte gerade mein erstes Kind zur Welt gebracht, platzte vor Mutterstolz und -liebe und sah die Welt hormonverklärt und glücklich. Tassilo, mein Sohn, war kugelrund und prächtig und augenscheinlich kerngesund. Zwei Tage nach der Geburt wurde allerdings ein Herzgeräusch festgestellt, dem an einer Kinderklinik in München nachgegangen werden sollte. Eine Routineuntersuchung, nicht der Rede wert. Meine Gefühle und Ängste in dieser Situation möchte ich an dieser Stelle lieber nicht beschreiben. Jede Mutter, jeder Vater kennt sie zur Genüge und ich denke, die Angst um ein Kind ist so individuell und persönlich, dass es keine Rolle spielt, wie ernst die Erkrankung ist. Das Herzgeräusch stellte sich als nicht bedrohlich heraus und hat sich mittlerweile ausgewachsen, so wie damals vorausgesagt.

Etwas anderes aber hat mich während meines Aufenthaltes in dieser Kinderklinik so tief berührt, dass es zu einer Motivation und Triebfeder für mich werden sollte. Ich hatte zwar meine Erfahrungen mit krebskranken Kindern gemacht, doch ich hatte noch nie kranke Säuglinge gesehen. Und das war etwas gänzlich anderes. Winzige, zerbrechliche, hilflose Menschlein lagen hier ganz alleine, mit Infusionen und Apparaturen vernetzt und verkabelt, so dass man schon genau hinschauen musste, um zu erkennen, wo das Kind anfing und das technische Gerät aufhörte. Diese kleinen Wesen, manche erst ein paar Stunden alt, wirkten so verlassen und hilflos, als ob sie von einem anderen Stern stammten und deshalb außerstande waren, zu verstehen, was hier mit ihnen geschah. Wie lächerlich kamen mir nun meine Ängste vor, als ich versuchte, mir vorzustellen, wie es wohl den Eltern dieser Kinder gehen musste. Ich schwor mir, irgendwie, irgendwann etwas zu tun, um diesen Kindern, die nicht für sich selbst sprechen können, eine Stimme zu verleihen und ihnen all das zu ermöglichen, was sie in einer so schweren Situation benötigen und verdienen.

Jahre vergingen, in denen ich noch zwei wunderbare Jungen bekam und mein Alltag sich wie der jeder Mutter zwischen Windeln, Breiflecken, Windpocken und dunklen Schatten unter den Augen abspielte. Damals schien die Welt für mich übrigens ausschließlich aus ausgeschlafenen, perfekt gestylten und gelassen lächelnden Karrierefrauen mit rot lackierten Fingernägeln und allzeit sitzender Frisur zu bestehen. Interessant, oder?

Als meine Kinder aus dem sogenannten Gröbsten waren und ich so langsam „von Schiff unter" zu „Land in Sicht" wechselte, fing ich an, mich, soweit meine Zeit es erlaubte, in verschiedenen karitativen Organisationen zu engagieren, die sich vor allem für Kinder einsetzten. Das war das Wenigste, was ich als Mutter von drei gesunden Kindern tun konnte. So kam es, dass ich an jenem Tag vor einigen Jahren, wie bereits erwähnt, im Bayerischen Staatsministerium stand und dort gemeinsam mit meinen Mitstreitern um Unterstützung für ein Kinder-Projekt bat. Die Unterstützung wurde gewährt. Wir unterhielten uns über dieses und jenes und irgendwann erzählte die Ministerin von der kürzlich gegründeten Bayerischen Stiftung Hospiz. In kurzen Zügen erläuterte sie das Wichtigste zu dieser Bewegung, die damit verbundenen Hoffnungen und die angestrebten Ziele. Und dann wandte sie sich an mich und fragte, ob ich mir vorstellen könnte, mich für diese Stiftung zu engagieren. Ich war sprachlos. Soweit ich richtig verstanden hatte, machte diese Stiftung es sich zum Ziel, für ein Sterben in Würde einzutreten und es Menschen bis zum letzten Atemzug zu ermöglichen, Mensch zu sein und als solcher behandelt, geachtet und gewürdigt zu werden.

Das klang irgendwie wichtig und richtig, aber eigentlich setzte ich mich doch für Kinder ein. Schließlich hatte ich selbst kleine Kinder und war gerade mal 38 Jahre jung. Hier aber ging es um alte, um sehr alte Menschen. Ich wusste nicht so recht, was ich davon halten sollte. Doch andererseits berührte mich dieses Thema auch. Schließlich würde auch ich alt und zunehmend hilflos werden. Dabei fiel mir ein, dass ich an diesem Morgen schon wieder ein Fältchen mehr auf meiner Stirn entdeckt hatte. Ich erbat mir Bedenkzeit.

Es gehört wohl zu einer meiner wichtigsten Charaktereigenschaften, dass ich keine halben Sachen mag. Dies ist eine sehr lästige Eigenschaft, nicht nur für mich selber, sondern vor allem auch für meine nähere Umgebung. Manche behaupten sogar, ich wäre mit einem Hang zum Perfektionismus geschlagen. Wie dem auch sei, für mich stand fest: Wenn ich mich mit dem Gedanken anfreunden sollte, mich für die Bayerische Stiftung Hospiz eventuell einzusetzen, dann wollte ich auch wissen, worum es dabei genau ging. Ich weiß sehr gut, dass es mannigfaltige Wege gibt, sich für eine Sache starkzumachen oder mit seinem Namen für etwas einzustehen. Für mich persönlich gibt es nur einen Weg: Entweder ich mache etwas ganz, oder gar nicht! Das heißt für mich, mich mit der zu unterstützenden Sache oder mit dem in Frage kommenden Projekt vertraut zu machen. Nicht bloß anhand trockener Berichte, sondern hautnah. Ich will, nein, ich muss wissen, wovon ich spreche, hinter wem ich stehe und wer die Menschen sind, denen ich mit meinem Namen eine Stimme in der Öffentlichkeit verleihe. Also ging ich daran, mich schlauzumachen.

Bald brachte ich in Erfahrung, dass die moderne Hospizbewegung erst Ende der 1960er Jahre in England entstanden war – unter anderem, um das Sterben als einen Teil des Lebens wieder stärker ins öffentliche Bewusstsein zu rufen und den Sterbenden und ihren Angehörigen ein würdevolles Leben zu ermöglichen. Mir wurde schnell klar, dass es hier um sehr viel mehr als bloß ums „Sterben" ging. Die Hospizbewegung war eine Reaktion auf eine zunehmend unmenschliche Gesellschaft, in der das Sterben und die Sterbenden immer weiter an den Rand gedrängt wurden. Bislang hatte ich immer gedacht, dass Sterben ein sehr intimer und persönlicher Prozess sei, der vorzugsweise im Verborgenen stattfindet (Damit wir so wenig wie möglich davon behelligt werden?).

An den Rand gedrängt zu werden, bedeutet, unerwünscht und nicht willkommen zu sein. An den Rand gedrängt zu werden, bedeutet, keinen Platz in der Mitte zu haben, „inmitten" der anderen nicht gewollt zu sein. An den Rand gedrängt zu werden, bedeutet eigentlich, schon fast außerhalb zu sein – außerhalb der Gesellschaft. Und dies genau dann, wenn ein Mensch am verletzlichsten ist. Genau dann, wenn er die Gesellschaft am dringendsten benötigt, wenn er auf ihren Schutz und ihre Stütze angewiesen ist. Diese Gedanken rasten mir durch den Kopf und dabei stiegen wohlbekannte Gefühle in mir hoch: Wut, Trotz und der starke Drang, Hilflose und Ohnmächtige zu schützen und zu verteidigen. Der erste Damm war gebrochen.

Mir wurde klar, dass ich mich wohl oder übel mit dem Tod vertraut machen musste. Unter dem Motto „Angriff ist die beste Verteidigung" beendete ich meine „Heaven can wait"-Einstellung und versuchte, zuerst einmal für mich herauszufinden, welchen Platz ich dem Tod bislang in meinem Leben einräumte. Diese Frage war recht schnell beantwortet: Eigentlich gar keinen.

Allmählich erkannte ich, dass auch ich das Sterben und den Tod nahezu vollkommen aus meinem Leben ausgeschlossen hatte. So als ob bloß die anderen und die Angehörigen der anderen sterben würden. „Wer aber sind die anderen?", fragte ich mich jetzt und musste mir zur Antwort geben, dass die anderen eigentlich die Nächsten sind. Also sind es die Nächsten, die sterben, nicht bloß die anderen. Und gehörte zu den Nächsten nicht auch ich? Hier lag einiges im Argen, das erkannte ich ziemlich rasch, und ich gebe zu, es berührte mich unangenehm.

Ich bin sicher, jeder von uns kennt das seltsame Gefühl, das einen beim Gedanken an den eigenen Tod überkommt. Diese innere Stimme, die leicht vorwurfsvoll raunt: „Also bitte, was soll denn das? Muss das wirklich sein? Und vor allem jetzt? Das hat doch noch Zeit, oder?" Keiner von uns setzt sich gerne mit dem eigenen Tod auseinander. Keiner von uns will wahrhaben, dass der eigene Tod unserem Leben so zugehörig ist wie Atmen, Schlafen und Essen. Nichts ist so sicher wie die Tatsache, und es ist eine Tatsache, nicht bloß eine vage Eventualität, dass wir eines Tages sterben werden. „Ja", mögen Sie jetzt vielleicht denken, „das mag schon stimmen. Aber das muss ja nicht heißen, dass ich schon morgen sterben werde. Also muss ich mir heute ja wohl kaum Gedanken darüber machen, oder?" Sehen Sie, beinahe alle Menschen teilen diese „Heaven-can-wait"- Einstellung.

Doch eigentlich ist diese Haltung absurd: Wir machen uns über so viele Dinge Gedanken und Kopfzerbrechen, die in ferner Zukunft liegen. Dinge, die vielleicht niemals eintreten werden. Wir treffen Vorkehrungen, schließen Versicherungen ab, bereiten uns vor. Wollen gerüstet, gewappnet und vor allem abgesichert sein! Wir wollen das Leben im Griff haben! Damit wir ruhig schlafen können. Das ist menschlich und verständlich. Unverständlich allerdings ist, warum wir uns in unserem Vorbereitungs- und Absicherungswahn nicht um unseren eigenen Tod kümmern. Denn der kommt sicher.

Vielleicht liegt es ja daran, dass der Tod der Einzige ist, der uns im Griff hat. Wir können ihn nicht abwenden und schon gar keine Versicherungen gegen ihn abschließen. Abgesehen von der Lebensversicherung, aber von der haben wir als Verstorbene persönlich nichts mehr. Natürlich können wir Vorkehrungen für unser Begräbnis treffen, uns einen Platz für unsere sterblichen Überreste sichern, Entwürfe für Grabsteine und Inschriften sammeln und irgendwo, sicher verwahrt, deponieren. Wir können Trauermusik auswählen und ein Menü für den Leichenschmaus zusammenstellen. Solche Dinge geplant und organisiert zu wissen, beruhigt, bloß haben sie im Grunde nichts mit unserem Sterben zu tun. Denn dieses ist zu dem Zeitpunkt, in dem solche Dinge aktuell werden, bereits Vergangenheit.

Wir haben unseren Tod nicht im Griff! Und das macht uns Angst. Abgesehen von der großen Frage: Was kommt danach? Kommt da noch etwas? Oder war das dann wirklich schon alles? Diese Frage macht mindestens so große Angst wie die Angst vor dem Tod. Vielleicht sogar noch ein bisschen mehr ...

Es ist mir völlig klar, dass ich, und ich nehme an, dass es Ihnen genauso geht, mich nur sehr ungern mit Dingen auseinandersetze, die ein solches Angstpotential in sich bergen und die vor allem nicht wirklich zu beantworten sind. Also verschließen wir die Augen davor und tun so, als ob wir nichts damit zu tun hätten. Als ob uns das alles gar nichts anginge! Wenn wir zu den ganz Mutigen gehören, geben wir vielleicht mit unbeteiligt cooler Stimme Statements von uns wie: „Tja, irgendwann muss eben jeder gehen!". Das war es dann aber auch schon. Nein, eben nicht!

Offenbar können wir mit dem Sterben aber auch anders umgehen. Ich hatte ja gerade in Erfahrung gebracht, dass die Hospizbewegung den Sterbenden und ihren Angehörigen ein würdevolles Leben ermöglichen möchte. Doch was sollte das genau bedeuten? Die Sache wurde immer komplizierter.

Auf den ersten Blick erschien es mir paradox, Sterbenden ein würdiges Leben ermöglichen zu wollen. Das ist doch ein Widerspruch in sich: Entweder man stirbt oder man lebt. Ist es denn möglich, sterbend zu leben? Ich gebe zu, dass ich mich schämte, als mir bewusst wurde, wie oberflächlich und anmaßend meine Einstellung und mein Desinteresse an diesem Thema bislang gewesen waren. Denn nach einer Weile des Nachdenkens fiel mir ein, dass es nicht zu den Gesetzmäßigkeiten des Lebens gehört, vom Blitzschlag getroffen zu werden und somit einen ziemlich raschen Tod vergönnt zu haben. Ganz im Gegenteil, nur wenige Privilegierte kommen in den Genuss dieser Todesursache. Wie also sterben die restlichen 99,99 Prozent der Menschen? Unfälle, die ein Menschenleben plötzlich und unerwartet beenden, machen sicher auch nur einen geringen Prozentsatz aus. Auch Altersschwäche, die zu einem sanften, schmerzfreien Dahinscheiden führt, ist nur wenigen vergönnt. Das bedeutet dann wohl, dass der Großteil der Menschen an zum Teil altersbedingten Krankheiten stirbt.

Ich überlegte weiter: Ist ein Mensch krank, kommt er ins Krankenhaus und wird dort so lange behandelt, bis er geheilt ist. Was aber passiert mit den Menschen, die nicht mehr geheilt werden können? Ich konnte mir nicht vorstellen, dass diese bei der derzeitigen Situation im Gesundheitswesen und der generell herrschenden Einstellung „time is money" auch nur eine Stunde länger als unbedingt notwendig im Krankenhaus bleiben konnten. Also kamen sie wohl nach Hause. Wer aber kümmert sich um sie und pflegt sie? Denn dass Menschen, die unheilbar krank sind, besonderer Pflege bedürfen, liegt wohl auf der Hand. Und die Zeiten der Großfamilie, in denen die Alten im Familiensystem mitgetragen wurden, sind schon lange vorüber und ich frage mich manchmal, ob es sie jemals wirklich gegeben hat. Heute gibt es bloß erschreckend viele alleinstehende alte Menschen. Und die wenigen, die Familie haben, wohnen in den seltensten Fällen mit dieser unter einem Dach. Wo also sind all die armen, alten und unheilbar kranken Menschen, die in den Krankenhäusern fehl am Platz sind, die von der Gesellschaft und allzu oft von der eigenen Familie nicht erwünscht sind, untergebracht?

Langsam sah ich etwas klarer und ich erkannte, dass wir unseren Tod niemals im Griff haben können. Wir können aber die Umstände, unter denen wir sterben, bis zu einem gewissen Grad beeinflussen und gestalten. Außerdem verstand ich: Genau da, wo meine Fragen mich nun hingeführt hatten und mir die Antwort fehlte, setzte die Hospizbewegung an. Noch am selben Tag rief ich im Ministerium an.

2. Eine klare Entscheidung

In Deutschland sterben jährlich um die 800 000 Menschen. Unter welchen Umständen, wo und wie diese Menschen sterben, darüber gibt es keine genauen Angaben. Man weiß allerdings, dass 95 Prozent der Bevölkerung den Wunsch hat, zu Hause zu sterben. Tatsächlich aber sterben an die 70 Prozent in Institutionen des Gesundheitswesens wie Krankenhäusern und Pflegeheimen. Diesem Umstand will die Hospizbewegung entgegenwirken. Ihr Ziel ist es, das Leiden Sterbenskranker zu lindern, ihnen das Verbleiben in der vertrauten Umgebung zu ermöglichen und den Angehörigen beizustehen.

Auch ich möchte, das wurde mir ziemlich schnell klar, nicht alleine sterben. Ich möchte diesen letzten Schritt in das große Unbekannte, das mich dann erwartet, nicht alleine tun. Ich möchte, dass jemand bei mir ist. Am liebsten jemand, der mir vertraut und nahe ist. Ich möchte, dass jemand meine Hand hält, mich vielleicht in den Arm nimmt und mir hilft, mit meinen Gefühlen und Ängsten zurechtzukommen. Ich möchte nicht irgendwo in einem Krankenhaus oder Pflegeheim als Patient Nr. XY sterben. Dieser Wunsch soll kein Vorwurf an die Institutionen des Gesundheitswesens sein, aber wir alle wissen, dass dem Personal bei der momentanen Situation im Krankenwesen einfach keine Zeit bleibt, über die dringend notwendige Versorgung hinaus für den Patienten etwas zu tun. Auch wenn der Wunsch danach ganz gewiss besteht.

Wie fühlt es sich denn eigentlich an, dieses Sterben? Was geht in einem Menschen vor, der weiß, dass er an der Schwelle zum Tod steht? Und wie kann ein anderer ihm dabei helfen und ihm beistehen? Sterben gehört zu den Dingen in unserem Leben, die wir ganz alleine tun müssen, die uns keiner abnehmen kann. Wie kann da die Hilfe, die ein anderer geben kann, aussehen? Ich entschied mich, eine Ausbildung zur Hospizhelferin zu machen. Ich musste einfach mehr über all diese Dinge erfahren und Antworten auf die Fragen finden, die mit einem Mal in mir erwachten.

Doch bis zur Umsetzung dieses Wunsches sollte es noch eine Weile dauern. Zuerst galt es, in meinem ganz normalen Kinder-Chaos-Alltag einen Freiraum zu schaffen, der es mir erlaubte, mich auf dieses neue Thema einzulassen. Es ist eines, öffentliche Termine wahrzunehmen, die zeitlich begrenzt und absehbar sind. Aber es ist ein anderes, den Tod in sein Leben einzulassen. Ich ertappte mich dabei, wie meine Gedanken bei ganz alltäglichen Tätigkeiten wie Kochen, Einkaufen, Tanken und Ähnlichem abschweiften und sich mit einem Mal um Dinge drehten, denen ich bisher keine Beachtung geschenkt hatte. Beim Friseur zum Beispiel konnte ich mich nicht mehr auf die Lektüre der neuesten Tratsch- und-Klatsch-Illustrierten konzentrieren, weil neben mir eine alte Dame saß. Als ich sie möglichst unauffällig beobachtete, während ihr die Haare gelegt wurden, fragte ich mich, wie alt sie wohl sein mochte. Lebte sie alleine? Hatte sie Angehörige, die sich um sie kümmerten? Wie sah ihr Leben aus und welche Geschichte hatten ihre Fältchen und Runzeln wohl zu erzählen? Beim hilflosen Versuch, ein Gurkenglas zu öffnen, fuhr mir durch den Kopf, wie wohl alleinstehende Menschen, die gewiss über weniger Muskelkraft als ich verfügen, diesen Kraftakt bewältigen, wenn sie die Lust auf saure Gürkchen überkommt und sie nicht einfach, wie ich, nach einem starken Mann rufen können. Als ich aus der Badewanne stieg und beinahe ausrutschte, weil ich es wieder einmal eilig hatte, überlegte ich blitzschnell, wie viele alte, gebrechliche Menschen bei diesem Bewegungsablauf wohl schon gestürzt sein mochten. Und als ich am Öffnen einer banalen Konserven-dose scheiterte, sah ich vor meinem inneren Auge unzählige alte Menschen, die einsam und verlassen vor ungeöffneten Lebensmitteldosen verhungerten.

Ich begann, auch meine eigenen Eltern mit anderen Augen zu sehen. Bislang hatte ich das Bild, das ich von ihnen hatte, wohlbehütet in der Seifenblase meiner Kindheitserinnerung aufbewahrt. In dieser Seifenblase waren sie noch ebenso stark, unverletzlich und beschützend, genau so wie Kinder ihre El-tern eben gerne sehen. Doch nun schaute ich genauer hin und die Seifenblase zerplatzte. Ich erkannte, dass auch an ih-nen die Zeit nicht spurlos vorüberging. Dass sie ein bisschen langsamer, ein bisschen vorsichtiger, ein bisschen unsicherer geworden waren. Dass es da und dort zwickte und schmerzte. Dass auch sie schlichtweg älter wurden. Das tat weh!

Langsam, aber sicher begann sich meine Sicht der Dinge zu ändern. Das Laub in meinem Garten, das mich jeden Herbst zur Weißglut trieb, weil ihm kaum beizukommen war, stimm-te mich auf einmal nachdenklich. Die Blumen, die in meinen Vasen welkten, hatten mit einem Mal etwas Wehmütiges an sich und das überreife Obst an den Bäumen und Sträuchern beinahe etwas Verzweifeltes, sich Mühendes. Wenn ich meine Kinder im Arm hielt, um sie wegen irgendeines Schmerzes zu trösten oder einfach nur mit ihnen zu schmusen, fiel es mir auf einmal schwer, sie wieder loszulassen ...

Ich wurde nicht schwermütig. Nein, dazu fehlt mir zum Glück die Veranlagung. Aber ich stellte fest, dass meine Be-reitschaft, mich mit dem Sterben, mit Alter, Tod und Trauer auseinanderzusetzen, etwas in mir und meinem Leben in Be-wegung brachte. Es war so, als ob ein neuer Farbton oder eine neue Melodie zu meinem gewohnten Leben dazukamen und es sanft, aber stetig durchzogen und veränderten.

Meine Idee, mich zur Hospizhelferin ausbilden zu lassen, stieß nicht überall auf Gegenliebe und Verständnis. Die meisten wunderten sich über mein neues Steckenpferd, manche fragten mich, ob ich meine ohnedies schon beschränkte Zeit nicht lieber im Fitnessstudio oder bei einem Yoga-Kurs verbringen wollte. Ob ich denn nicht etwas für mich tun wollte, etwas, das mir gut tat und das nur mir gehörte. Nun, gerade das zu tun stand ich im Begriff. Aber es gelang mir nicht, dies überzeugend zu vermitteln – sozusagen „rüberzubringen".

Wieder einmal wurde mir vor Augen geführt, dass Sterben, Tod und Trauer in unserer Gesellschaft als ziemlich unattraktiv bis überflüssig bewertet werden. Und wieder einmal meldete sich in mir der Trotzkopf, der sagte: „Jetzt erst recht!" Gewichte heben liegt mir nicht und beim Yoga schlafe ich bereits bei der ersten Entspannungsübung ein. Nasser Ton ekelt mich, womit ein Töpferkurs auch nicht in Frage kam. Die meisten Gräser und Blumen lösen bei mir heftige Allergieschübe aus, also bestand keine Aussicht auf Ikebana oder Ähnliches. Kochen konnte ich bereits, glaubte ich zumindest. Und überhaupt: Ich hatte eine Entscheidung gefällt und der wollte ich jetzt auch folgen! Hier ging es nicht darum, Zeit totzuschlagen, sondern darum, dem Tod seine Zeit zu geben. Und genau das wollte ich tun.

Es gibt in Deutschland an die 80 000 Menschen, die ehrenamtlich ihre Freizeit dazu nutzen, Sterbende und deren Angehörige zu begleiten und zu unterstützen. Sie nennen sich Hospizhelfer und sie sind in ihrer Tätigkeit in ein Netz aus Angehörigen, Ärzten, Pflegekräften, Seelsorgern und anderen eingebunden. Diese Menschen haben sich freiwillig dazu entschlossen, nach bestem Wissen und Gewissen die Menschenwürde des Einzelnen bis in den Tod hinein zu achten und Sorge dafür zu tragen, dass diese weder verletzt noch missachtet wird. In der Praxis sieht dies folgendermaßen aus:

Sollten Sie als Angehöriger in die Situation kommen, dass ein Ihnen nahestehender Mensch sterbenskrank und zum Pflegefall wird, Sie ihn aber, seinem Wunsch folgend, in der ihm vertrauten Umgebung belassen möchten, so haben Sie die Möglichkeit, sich an eine Hospizgruppe an Ihrem Wohnort zu wenden. Diese wird Ihnen, nachdem Sie Ihren persönlichen Fall geschildert haben, einen entsprechenden, vorzugsweise in Ihrer Nähe wohnenden Hospizhelfer vermitteln. Die Aufgabe eines solchen Hospizhelfers besteht darin, für den Kranken die Grundlage dafür zu schaffen, dass er, soweit dies möglich ist, selbstbestimmt leben kann und seine individuelle Lebensqualität so gut als möglich erhalten bleibt.

Das wichtigste und vielleicht kostbarste Geschenk, das ein Hospizhelfer zu geben hat, ist seine Zeit. Zeit, die ausschließlich dem Kranken gehört und nur diesem gewidmet wird. Zeit, in der zugehört und hingehört wird, in der vorgelesen und erzählt wird. Zeit zu schweigen, wenn die Situation es erfordert. Zeit zu trösten, wenn die Stimmung des Kranken es verlangt, und Zeit, die Hand des Kranken zu halten, ihn vielleicht zu berühren und zu streicheln, wenn die Situation es erlaubt. Es braucht Zeit, einen Menschen, der sich auf den Weg macht zu sterben, dabei zu begleiten und sich ihm voll und ganz zuzuwenden und ihm beizustehen. Nur in diesem so dehnbaren und nicht wirklich greifbaren Etwas „Zeit" kann ein Raum entstehen für Mitmenschlichkeit, für ein wahrhaftiges Begegnen von Angesicht zu Angesicht, für echtes Mensch-Sein. Nur die Zeit, die einem Menschen geschenkt wird, erlaubt das behutsame Wachsen von Vertrauen und das kostbare Entstehen von echter Nähe. Und Vertrauen und Nähe braucht es vielleicht mehr als vieles andere, wenn es darum geht, einen Sterbenden behutsam an der Hand zu nehmen. Nicht um ihn führen zu wollen, sondern um ihn zu begleiten!

Ein Hospizhelfer achtet darauf, dass der sterbende Mensch möglichst keine Schmerzen hat. Gerade auf die größtmögliche Schmerzfreiheit bis zum Tode wird in der Hospizbewegung besonderer Wert gelegt, erlaubt eine solche es ja erst, sich ganz auf den Prozess, in dem der Sterbende sich befindet, zu konzentrieren und damit bewusst umzugehen. Ein Hospizhelfer darf keine Medikamente verabreichen oder andere medizinische oder pflegerische Tätigkeiten übernehmen, aber er wird darum bemüht sein, mit dem zuständigen Arzt und dem Pflegepersonal des ambulanten Pflegedienstes eng zusammenzuarbeiten, sodass der Patient medizinisch optimal um- und versorgt wird. Zu den Aufgaben eines Hospizhelfers gehört es aber unbedingt, darauf zu schauen, dass der Patient sich so wohl als nur möglich fühlen kann. Dazu gehören unzählige größere und kleinere Tätigkeiten und Hilfestellungen:

Er hilft, wenn es erforderlich und erwünscht ist, beim Essen und beim Trinken. Er achtet auf die Hygiene und das körperliche Wohlbefinden des ihm anvertrauten Menschen. Er sorgt für ein angenehmes Raumklima und sucht nach Möglichkeiten, kleine Freuden zu bereiten – sei es durch eine besondere Musik, die der Patient liebt, durch duftende Blumen oder durch eine Massage mit wohlriechenden Ölen. Die Möglichkeiten dazu sind vielfältig.

Auch für die Angehörigen des Sterbenden ist der Hospizhelfer da: Er sorgt dafür, dass die Nächsten am Krankenbett abgelöst werden und so ein wenig Abstand gewinnen und neue Kraft schöpfen können. Er ermöglicht ihnen dadurch auch kleine Auszeiten für Erledigungen und Einkäufe. Er hilft bei der Kontaktaufnahme mit Ärzten und Schmerztherapeuten, dem ambulanten Palliativ-Beratungsdienst und dem ambulanten Pflegedienst. Er berät über nützliche und die Umstände erleichternde Hilfsmittel. Er hilft beim Kontaktaufbau zu fernen Angehörigen oder Freunden, die der

Schwerkranke noch einmal sehen möchte. Ebenso unterstützt er die Angehörigen bei der Regelung der letzten Dinge, steht ihnen bei dem bevorstehenden Abschied bei und begleitet sie in ihrer Trauer.

All dies und unzähliges mehr macht das Tätigkeitsfeld des Hospizhelfers aus und wird in der Ausbildung berücksichtigt und vermittelt. Obendrein kommt zur theoretischen Ausbildung noch ein Praktikum in einer sozialen Einrichtung.

So weit, so gut! Ich hatte mich also entschieden, eine solche Ausbildung zu absolvieren, und je näher der Tag des Kursbeginns rückte, umso nervöser wurde ich. Leise Zweifel wurden in mir wach. Ob ich hier wirklich das Richtige tat? Ob es nicht vielleicht doch reichte, einfach Mitglied der Bayerischen Stiftung Hospiz zu sein? Ich könnte mich ja auch nebenbei in die Thematik einarbeiten, und wenn ich es recht bedachte, hatte ich wirklich genug zu tun. Vielleicht hatten meine wohlmeinenden Bekannten ja auch ganz Recht und ich täte besser daran, meine spärliche Freizeit mit etwas zu füllen, das nur mir persönlich zugutekam? Und was erwartete mich eigentlich bei einer solchen Ausbildung? Mit welchen Menschen würde ich zusammentreffen? Auweia! Ich geriet mächtig ins Schwanken und ärgerte mich beinahe ein bisschen über meine rasche Entschlussfreude und mein typisches „Ich will's aber ganz genau wissen!"-Gehabe.

Abgesehen davon, dass ich bei meiner Familie nicht den Eindruck eines Drückebergers erwecken wollte, hatte ich doch tief in mir das Gefühl, dass es richtig und wichtig war, was ich vorhatte. Und da ich mich bereits angemeldet hatte und mir so spontan auch keine plausible Ausrede einfiel, um meine Teilnahme an der Ausbildung abzusagen, beließ ich alles so, wie ich es eigentlich geplant hatte. Das leise Bauchgrimmen blieb allerdings.

Heute weiß ich, dass mein Entschluss, mich zur Hospiz-helferin ausbilden zu lassen, genau richtig war und ich bin dankbar und glücklich, dass ich mich damals nicht von meinem inneren Schweinehund davon habe abbringen lassen. Die Erfahrungen und die Erkenntnisse, die ich dank dieser Ausbildung machen und gewinnen durfte, zählen mit zu den wichtigsten und kostbarsten meines bisherigen Lebens.

Um an der Ausbildung überhaupt teilnehmen zu können, musste jedes Kursmitglied mit der Ausbildungsleiterin ein ausführliches Gespräch führen, in dem sehr direkt die Fragen „Warum sind Sie hier?", „Warum möchten Sie eine Ausbildung zur Hospizhelferin machen?" und „Was erwarten Sie für sich persönlich von diesem Kurs?" gestellt und angesprochen wurden. Anfangs war ich etwas irritiert über diese ziemlich direkte und insistierende Fragestellung. War die Hospizbewegung denn nicht dankbar und glücklich über jeden Menschen, der sich für sie interessierte und auch noch vorhatte, sich in ihren Dienst zu stellen? Heute schäme ich mich dafür, dass ich zu diesem Zeitpunkt einen solchen Gedanken hatte! Im Laufe des Gespräches wurde mir sehr schnell klar, dass diese Fragen dazu dienen, das Wohl der Sterbenskranken zu gewährleisten. Es soll damit ausgeschlossen werden, dass Menschen diese Ausbildung als eine Art Plattform zur Eigentherapie missbrauchen.

Ich gebe zu, dass erst jetzt eine Ahnung um den Wert, die Kostbarkeit und die Einzigartigkeit eines Menschenlebens in mir hochstieg, und seufzend erkannte ich, dass ich wirklich erst ganz am Anfang stand. Ich fand dieses Eignungs-gespräch beruhigend und gerechtfertigt. Denn hier, und das sah ich nun zum ersten Mal so klar, ging es nicht um mich, nicht um Politik, Religion, Wirtschaft, Weltanschauung oder sonst etwas. Hier ging es ausschließlich um den Menschen in seiner letzten Lebensphase. Losgelöst von jeder vermeintlichen Sicherheit, jeder Fassade und Maske beraubt. Hier ging es ums Mensch-Sein bis zum letzten Atemzug!

Glauben Sie bitte nicht, dass ich Ihnen, wenn Sie mich zu dem damaligen Zeitpunkt gefragt hätten „Was bitte bedeutet Mensch-Sein eigentlich?" eine auch nur annähernd zufriedenstellende Antwort hätte geben können! Eine solche Frage hätte mich völlig überfordert. Vermutlich hätte ich versucht, meine Unsicherheit mit Humor zu überdecken, hätte kurz nervös aufgelacht und etwas gesagt wie „Na ja, sind wir Menschen nicht alle eine komplexe Anhäufung von hormongesteuerten Zellen?". Ich will nicht behaupten, dass ich auf diese Frage heute eine abschließende Antwort geben kann, aber ich denke, dass ich einer Antwort zumindest nähergekommen bin.

Nachdem ich dieses Erstgespräch erfolgreich hinter mich gebracht hatte, ging die Ausbildung los. Unsere Ausbildungsgruppe bestand aus ungefähr zwanzig Menschen, die unterschiedlicher nicht hätten sein können. Jede Altersgruppe war hier vertreten. Frauen wie Männer, die die unterschiedlichsten Berufe ausübten und auch charakterlich nicht unterschiedlicher hätten sein können. Diesen Umstand empfand ich als beruhigend, denn ich dachte mir, so wie es die unterschiedlichsten Sterbenden gibt, muss es schließlich auch die dazu passenden und dazugehörigen unterschiedlichen Begleiter geben. Auch war ich sehr erleichtert, dass ich nicht das „Nesthäkchen" der Gruppe war und mir somit niemand die verhängnisvolle Frage stellen konnte: „Warum kümmern Sie sich eigentlich nicht um ihre Kinder statt um Sterbende?". Ich fühlte mich wohl in dieser Gruppe und war beeindruckt, wie so verschiedene Menschen sich im gemeinsamen Interesse an einer Sache zusammenfügen und finden konnten.

Zu Beginn unserer theoretischen Ausbildung gehörte es selbstverständlich dazu, über die Anfänge der Hospizbewegung Bescheid zu wissen, und ich ziehe meinen imaginären Hut vor jener großartigen Frau, die die Hospizbewegung zwar nicht erfunden, ihr aber doch ihre entscheidende Form und Richtung gegeben hat:

Cicely Saunders wurde 1918 in England als ältestes von drei Kindern geboren. Nach Ausbruch des Zweiten Weltkrieges absolvierte sie eine Ausbildung zur Krankenschwester und arbeitete anschließend als Sozialarbeiterin in Oxford. Im Jahr 1947 machte sie die Bekanntschaft mit David Tasma, einem polnischen Juden, der den Holocaust im Warschauer Ghetto überlebt hatte. Nur 40-jährig erkrankte David Tasma unheilbar an Krebs, lag in einem riesigen, überfüllten Londoner Krankenhaus auf der chirurgischen Station und sah sich, knapp dem Holocaust entkommen, nun mit dem Tod durch seine Krebserkrankung konfrontiert. Die letzten zwei Monate seines Lebens besuchte Cicely Saunders ihn sooft sie konnte, saß an seinem Krankenbett und versuchte, ihm in seinen Schmerzen und bei der verzweifelten Frage nach dem Sinn seines Lebens beizustehen. In diesen gemeinsamen Stunden wurde die Idee geboren, ein Heim, eine Zufluchtsstätte für Sterbende zu schaffen. In einem solchen Heim sollte für Sterbenskranke die Möglichkeit geboten sein, möglichst frei von Schmerzen in einer liebevollen, heimeligen Umgebung umsorgt, gepflegt und begleitet, den Raum und die Zeit zu finden, mit ihrem Leben ins Reine zu kommen und Abschied zu nehmen. Als David Tasma starb, hinterließ er Cicely Saunders sein gesamtes Vermögen von 500 Pfund und das ideelle Erbe, die gemeinsame Fiktion wahr werden zu lassen. 20 Jahre sollten noch vergehen, ehe Cicely Saunders im Jahr 1967 das Saint Christopher's Hospice gründen und damit den Grundstein für die heutige moderne Hospizbewegung legen konnte. Im Alter von 33 Jahren begann Cicely Saunders noch ein Studium der Medizin, das es ihr erlaubte, den Patienten zu helfen, die nach ärztlicher Sicht austherapiert waren und denen somit vom medizinischen Standpunkt aus nicht mehr zu helfen war. Ihr Ansatz war zur damaligen Zeit revolutionär, denn Schmerzmittel wurden den Patienten nur dann verabreicht, wenn die Schmerzen unerträglich und kaum mehr auszuhalten waren. Dem wollte Cicely Saunders entgegenwirken, indem sie, nach ausgiebigen Studien und Forschungen, Schmerzmittel kontinuierlich und genau nach Plan verabreichte. „Constant pain needs constant control" – „Konstante Schmerzen verlangen nach konstanter Kontrolle" – mit diesem Grundsatz wurde sie zur Vorreiterin der Palliativ-Medizin, deren Ziel es ist, den Patienten mit möglichst geringer Medikamentendosis so schmerzfrei als möglich zu halten. Die Palliativ-Medizin, deren Name vom lateinischen Wort „Pallium" (dt.: Mantel) kommt, weil dem Patienten sozusagen ein schützender Mantel umgelegt wird, ist heute aus der Medizin nicht mehr wegzudenken. Und gerade in der Hospiz-Bewegung nimmt sie einen ganz entscheidenden Platz ein.

Cicely Saunders wurde von der englischen Königin in den Adelsstand erhoben und in den „Order of Merit" aufgenommen. Als einzige Frau des 20. Jahrhunderts wurde sie zum Ehrendoktor der Medizin ernannt und erhielt im Jahr 2001 den Conrad N. Hilton Humanitarian Prize.

Ausgehend von den Worten des sterbenden David Tasma „Ich werde ein Fenster in deinem Heim sein", gründete diese außergewöhnliche Frau eine Bewegung, die sich von England ausgehend in aller Welt verbreitete. David Tasma bezeichnete sie stets als den eigentlichen Gründer des Saint Christopher's House oder zumindest als ihren „Gründungs-Patienten". Auf ihrem Ausspruch: „You matter because you are you, and you matter to the last moment of your life!" – „Du bist wichtig, weil Du du bist. Und Du wirst bis zum letzten Augenblick Deines Lebens wichtig sein!", basiert die heutige Hospizbewegung.

Dame Cicely Saunders starb 87-jährig in dem von ihr geschaffenen Hospiz.

Ich fand und finde es noch immer sehr beeindruckend, dass in England die Hospizbewegung bereits so früh Fuß fassen konnte, während wir dieser Entwicklung hier in Deutschland erheblich nachhinken. Erst im Jahr 1992 wurde zum Beispiel die BAG, die Bundesarbeitsgemeinschaft Hospiz zur Förderung von ambulanten, teilstationären und stationären Hospizen und Palliativstationen e.V., gegründet. Das heißt natürlich nicht, dass die Idee der Hospizbewegung Deutschland erst zu diesem ziemlich späten Zeitpunkt erreichte, aber es bedeutet doch, dass erst mit Gründung der BAG erste Kontakte zu den gesetzlichen Krankenkassen geknüpft wurden und die Hospizbewegung somit Teil der politischen Realität und Thema der öffentlichen Diskussion wurde. Carl Friedrich von Weizsäcker hat in meinen Augen sehr treffend formuliert, an welchem Punkt die Hospizbewegung ansetzt: „Keiner von uns wird zu einer Gesellschaft JA sagen dürfen, der nicht versteht, was selbst die Schwächsten in ihrer Mitte ihr bedeuten!" Für mein Empfinden trifft dies den Nagel ziemlich genau auf den Kopf. Denn um die Schwächsten in unserer Mitte geht es auch bei der Hospizbewegung: um die Alten und um die Sterbenden.

Es ist eine Tatsache, dass der Mensch altert und, den Gesetzen der Natur folgend, schwach und auch hilflos wird. Es ist naiv, die Augen vor dieser Wirklichkeit verschließen zu wollen, und mittlerweile weiß nahezu jedes Kind, dass der Anteil an Alten in Deutschland immer größer wird. Wenn ich unsere heutige Situation bedenke, überkommt mich manchmal das beklemmende Gefühl, unsere Gesellschaft wolle die Alten und Schwachen am liebsten wegsperren. Ganz nach dem Motto: Es wäre eben das Einfachste!

Verständlicherweise treibt diese Entwicklung manchen den Angstschweiß aus den Poren. Vor allem wenn es zum Beispiel um die Sicherung der Renten und Ähnliches geht. Die Situation ist fatal, obwohl Wirtschaft und Politik auf Höchsttouren laufen, kluge Köpfe rauchen und noch klügere Reden gehalten werden. Auf die Frage „Was bedeuten unserer Gesellschaft die Schwächsten in ihrer Mitte?" würde ich sehr gerne eine Antwort erhalten. Meine persönliche Antwort lautet: Viel, sehr viel! Denn die Gesellschaft ist niemand anderer als Sie und ich, und die Schwächsten in unserer Mitte werden schon bald, sehr bald Sie und ich sein! Diese Einstellung ist nicht einmal selbstlos zu nennen, sie ist schlichtweg egoistisch.

Vor einiger Zeit bekam ich mit der Post einen Flyer meiner Krankenkasse zugeschickt, in dem auf die misslichen Zu- und Umstände der Altersversorgung und die immens hohen Kosten eines Pflegeplatzes in einem Altenheim oder einer ähnlichen Institution hingewiesen wurde. Daraus ging ganz klar die Aufforderung hervor, mich schon beizeiten, am besten noch heute darum zu kümmern, wo ich meine letzten Jahre, Monate, Stunden verbringen möchte und wie dies zu finanzieren sei. Doch warum fragt eigentlich niemand, WIE ich meine letzten Jahre, Monate und Stunden verbringen möchte? Dieses „Wie" wird irgendwie immer ausgeklammert, unter den Tisch gekehrt, ignoriert. Seien Sie mal ehrlich, was ist Ihnen denn wirklich wichtig, wenn Sie an das Ende Ihres Lebens denken? Und vergessen Sie dabei bitte nicht, dass das Lebensende ganz schön lange sein kann! Für mich ist mittlerweile klar, dass nicht das Essen, das mir im Alter gereicht wird, zählt, sondern die Hand, die es mir reicht!

Und was ist wohl der Grund dafür, dass der Großteil der Alten und Kranken neben Schmerzen nichts so sehr fürchtet, wie das Gefühl, überflüssig, wertlos und eine Belastung für die anderen zu sein? Wer bringt diese armen Menschen zu solchen Überlegungen? Wer gibt ihnen das Gefühl, wertlos, überflüssig und eine Belastung zu sein? Hmm? Die Antwort ist nicht schön, aber sie liegt auf der Hand: Wir selber sind es! Denn wir machen die Gesellschaft aus! Und auch ich habe ganz eindeutig das Gefühl, dass ich für diese Gesellschaft nur dann ein wertvolles Mitglied mit einer Daseinsberechtigung bin, wenn ich bestimmte Voraussetzungen erfülle. Und zu diesen Voraussetzungen, so mannigfaltig sie auch sein mögen, gehört es ganz bestimmt nicht, alt und schwach, hilflos und bedürftig zu sein. Ganz im Gegenteil! Und so absurd es klingen mag: Wir selber erzeugen und begünstigen diesen Leistungsdruck.

Bei mir fängt das bereits morgens mit dem Blick in den Spiegel an, wenn ich feststellen muss, dass ich so gut wie nichts mit den gängigen Schönheitsidolen gemein habe, die mich tagsüber auf mannigfaltige Art und Weise von Titelblättern und Plakaten anlächeln und mich bis nachts in meine Träume hinein verfolgen. Auch betrübt es mich ein wenig, dass ich nicht mehrere Hochschulstudien absolviert habe und Managerin eines internationalen Konzerns bin. Nichts fürchte ich so sehr wie die Frage: „Und was machen Sie beruflich?" Das aufrichtige Mitleid in den Gesichtern der Neugierigen ist schon schlimm genug, wenn ich zögerlich, beinahe fragend und vor allem sehr leise antworte: „Hausfrau und Mutter ...?" Das langgezogene „Aaaah ja!" aber, das mit 100-prozentiger Sicherheit auf meine mickrige Antwort folgt, trifft mich jedes Mal wie ein Fausthieb in die Magengrube. Und dabei stehe ich in der Blüte meiner Jahre, sehe manchmal richtig gut aus und verfüge obendrein über ein ganz passables Maß an Bildung und Wissen. Auch bin ich eine begeisterte und hingebungsvolle Mutter und einen Haushalt zu führen ist im Grunde ja auch nicht ganz ohne.

Und dennoch, die Falle lauert überall und allzu oft schnappt sie schmerzlich zu! Wie wird das erst in 20, 30, 40 Jahren sein? Ich bin mir ziemlich sicher, dass ich mich, wenn ich einmal alt und zunehmend hilfsbedürftig bin, ganz bestimmt auch wertlos, überflüssig und als Belastung für meine Umgebung fühlen werde. Das sind keine guten Aussichten. Übrigens habe ich einmal, als mich ein kleiner Kobold oder etwas Ähnliches ritt, auf die gewichtige Frage nach meiner Profession ganz relaxt geantwortet: „Ich bin Kinderpädagogin und Haushaltsmanagerin!" Wow! Die Reaktion war überwältigend! Statt des langgezogenen „Aaaah ja!" kam diesmal ein nicht weniger langgezogenes „Ach, wie interessant!". Ich war sehr enttäuscht und fragte mich, ob mein Gegenüber mir eigentlich zugehört und mich wahrgenommen hatte.

Um das „Zuhören" und das „Wahrnehmen" ging es auch in meiner Ausbildung zur Hospizhelferin:

Wunsch und Ziel eines jeden Hospizhelfers ist es, zu dem ihm anvertrauten Menschen eine Beziehung des Vertrauens und der Nähe aufzubauen. Es ist ja gewiss nicht so, dass die oftmals sterbenskranken Menschen beim Auftauchen eines ihnen wildfremden und unbekannten Menschen begeistert in die Hände klatschen und vor Freude lauthals jubilieren. Auch kommt es äußerst selten bis nie vor, dass ein Hospizhelfer bei seinem ersten Besuch mit den überschwänglichen Worten „Wie wundervoll, dass Sie endlich kommen! Auf Sie warte ich schon die längste Zeit. Ich habe Sie zwar noch nie gesehen und ich kenne Sie auch nicht, aber glauben Sie mir, ich kann es kaum erwarten, Ihnen meine gesamte Lebensgeschichte zu erzählen und Sie an meinen Gedanken und Gefühlen teilhaben zu lassen!" empfangen wird. Oder wie würden Sie sich in einer solchen Situation fühlen und verhalten?

Es braucht viel Zeit, um zu einem Menschen in Beziehung treten zu können. Ich kenne kein besseres Beispiel, das auf so zauberhafte und wahrhaftige Art und Weise beschreibt, wie man mit jemandem vertraut werden kann, als die Stelle aus Saint-Exupérys „Der kleine Prinz", an der der Kleine Prinz dem Fuchs begegnet und diesen zum Freund begehrt:

„Komm und spiel mit mir", bittet der Kleine Prinz den Fuchs, den er zum ersten Mal sieht, „ich bin so traurig!" Der Fuchs erwidert: „Ich kann nicht mir dir spielen. Ich bin noch nicht gezähmt!" „Was bedeutet das: „zähmen"?, fragt der Kleine Prinz und der Fuchs antwortet: „Das ist eine in Vergessenheit geratenen Sache. Es bedeutet, sich vertraut zu machen." „Sich vertraut machen?" fragt der Kleine Prinz verwundert. „Gewiss", sagt der Fuchs, „du bist für mich noch nichts als ein kleiner Knabe, der hunderttausend anderen kleinen Knaben völlig gleicht. Ich brauche dich nicht, und du brauchst mich ebenso wenig. Ich bin für dich nur ein Fuchs, der hunderttausend anderen Füchsen gleicht. Aber wenn du mich zähmst, werden wir einander brauchen. Du wirst für mich einzig sein in der Welt. Ich werde für dich einzig sein in der Welt ..." Nach einer Weile des Gesprächs verstummt der Fuchs und schaut den Kleinen Prinzen lange an: „Bitte .... zähme mich!" „Ich möchte wohl", gibt der Kleine Prinz zur Antwort, „aber ich habe nicht viel Zeit. Ich muss Freunde finden und viele Dinge kennen lernen." „Man kennt nur die Dinge, die man zähmt", sagt der Fuchs. „Die Menschen haben keine Zeit mehr, irgendetwas kennen zu lernen. Sie kaufen sich alles fertig in den Geschäften. Aber da es keine Kaufläden für Freunde gibt, haben die Menschen keine Freunde mehr. Wenn du einen Freund willst, so zähme mich". „Was muss ich da tun?", fragt nun der Kleine Prinz. „Du musst sehr geduldig sein", lautet die Antwort. „Du setzt dich zuerst ein wenig abseits von mir ins Gras. Ich werde dich so verstohlen, so aus dem Augenwinkel anschauen und du wirst nichts sagen. Die Sprache ist die Quelle aller Missverständnisse. Aber jeden Tag wirst du dich ein bisschen näher setzen können ...“

Nun, was für Füchse und für Kleine Prinzen gilt, das gilt auch für uns Menschen. Sich miteinander vertraut machen bedeutet, sehr behutsam aufeinander zuzugehen und die persönlichen Grenzen und Signale des Gegenübers wahrzunehmen und zu achten. Dies stellt sich schon im normalen Alltag, wenn zwei Menschen sich begegnen, als oftmals äußerst schwierig und kompliziert heraus. Umso schwieriger aber ist es in der Hospizpflege. Denn der Mensch, dem Sie hier begegnen, ist krank, schwerstkrank. Oftmals leidet er große Schmerzen, ist vielleicht bettlägerig und in seinen körperlichen Funktionen eingeschränkt. Er ist auf die Hilfe anderer angewiesen und er leidet. Körperlich und seelisch. Es ist nicht leicht für einen solchen Menschen, sich in seiner Hilflosigkeit und Verletzlichkeit einem Fremden, der augenscheinlich gesund und munter und im Vollbesitz seiner körperlichen Kräfte ist, zuzuwenden und gar zu öffnen. Allzu offensichtlich ist das „Kräfteverhältnis", allzu klar die Verteilung der Rollen.

Versuchen Sie doch einmal, sich in die Lage des Kranken zu versetzen. Welche Gedanken, welche Gefühle mögen Sie wohl in einer solchen Situation der Verwundbarkeit bewegen und beschäftigen? Vielleicht möchten Sie dem Fremden, der da plötzlich bei Ihnen auftaucht, klarmachen, dass sie nicht immer so krank, schwach und hilflos waren? Dass auch Sie früher jung und gesund gewesen sind? Dass Sie, so wie der Gesunde Sie vor sich sieht, eigentlich nichts mit dem Menschen zu tun haben, der Sie ein Leben lang waren, der Ihnen vertraut und nahe war? Doch all das können Sie nicht. Und so liegt es an dem Hospizhelfer, dem Kranken die Scheu und die Scham, die dieser empfinden mag, behutsam und achtsam zu nehmen und diese aufzulösen. Doch dies kann nur gelingen, wenn der Hospizhelfer den Kranken ganz vorsichtig, gewissermaßen verstohlen und aus den Augenwinkeln heraus beobachtet, sich nicht „in der Quelle aller Missverständnisse", der Sprache, verstrickt und sich und dem Kranken all die Zeit zugesteht, die es braucht, um, ... ja, um sich wohl jeden Tag ein bisschen näher setzen zu können.

Es gibt kein allgemeingültiges Rezept oder eine jederzeit verfügbare Gebrauchsanweisung, wie ein Hospizhelfer sich dem Kranken und dem Sterbenden gegenüber zu verhalten hat. Denn jeder Mensch ist einzigartig. Jeder hat seine eigene Geschichte, seine ganz persönliche Biografie. Jede Erfahrung, die ein Mensch im Laufe seines Lebens machen durfte oder machen musste, ist unverwechselbarer Teil seiner Persönlichkeit und hat sich wie ein kostbares, einzigartiges Muster in den persönlichen „Lebensmantel" eingewebt.

Ich mag dieses Bild des „Lebensmantels", den ein jeder von uns auf seinen Schultern trägt. Ich stelle mir vor, wie jede Erfahrung, jede Begegnung, jedes Erlebnis, jede Empfindung, Glück wie Schmerz, Trauer wie Liebe, Hass und Neid, Angst und Mut, nun eben alle Empfindungen, zu denen ein Mensch fähig ist, ihre Spuren auf diesem Mantel hinterlassen. Und je älter ein Mensch wird, umso reicher, umso vielfältiger sind die Muster, die Bilder, die das Leben in diesen Mantel webt. Dass diese Muster und Bilder nicht durchweg heiter und schön anzusehen sind, ist wohl klar, denn kein Menschenleben ist frei von Schmerz und Leid, kein Menschenleben ist frei von Geheimnissen, die oftmals ein Leben lang gut behütet und verschwiegen im Verborgenen gehalten werden. So trägt ein jeder seinen ganz persönlichen Mantel, der die Geschichte dieses einen Menschen erzählen und widerspiegeln kann.

Wenn es nun ans Sterben geht, wollen die Bilder dieses Mantels, sofern sie es noch nicht sind, geordnet und in ein harmonisches Ganzes gebracht werden. So denke ich es mir, weil ich mir die Entwicklung, die der Mensch in dieser letzten, so wichtigen Lebensphase macht, auf diese Weise ganz gut vorstellen kann.

Das heißt, dass manche dieser Bilder noch einmal angeschaut werden wollen. Denn nichts geht in diesem Leben verloren, davon bin ich felsenfest überzeugt (außer materiellen Dingen wie Autoschlüsseln, Brillen, Immobilien, Vermögenswerten etc.). Natürlich wäre uns manchmal wohler, wenn wir bestimmte Erlebnisse, Fehler, die wir gemacht haben, Unrecht, das wir anderen angetan haben, ungeschehen machen könnten. Natürlich wäre es schöner, wenn wir vieles aus unserer Biografie einfach streichen könnten, weil die Erinnerung daran weh tut, weil wir uns vielleicht schämen, weil wir, aus welchen Gründen auch immer, mit manchen Geschehnissen und Erfahrungen einfach nichts zu tun haben wollen. Doch das ist unmöglich, denn nichts, was zu uns und zu unserem Leben gehört, kann ausradiert und gelöscht werden.

Alles, wirklich alles, das zu uns gehört und auf unserem Lebensmantel unweigerlich seine Spuren hinterlassen hat, drängt gegen Ende des Lebens danach, zu einem wahrhaftigen, harmonischen Bild zusammengefügt zu werden. Erst wenn es uns gelingt, diesen Bildern ihre Ordnung, ihre Harmonie zu geben, erst wenn wir auch die hässlichen, die dunklen, die versteckt gehaltenen Muster und Fragmente aus den Untiefen unseres Seins ans Tageslicht holen, erst dann werden wir wohl loslassen, Abschied nehmen und in Frieden sterben können.

Vielleicht liegt darin auch der Grund dafür, dass manche Menschen sich so schwer tun, zu sterben, und andere wiederum ganz friedlich und sanft von uns gehen. Die Metapher dieses Lebensmantels erlaubt es mir, leichter zu verstehen, was es für einen Sterbenden bedeutet, noch Ordnung in seine Angelegenheiten zu bringen. Für mich bedeutet dies: Der Sterbende muss alle ungeliebten und verdrängten Muster seines Mantels ans Tageslicht bringen, um sie noch einmal anzuschauen und sie als zu ihm und zu seinem Leben zugehörig zu akzeptieren und anzunehmen. Selbst wenn dies eine Menge schmerzlicher Gefühle und Empfindungen auslösen und hervorrufen mag. Erst wenn wir uns diesen dunklen Anteilen unserer Persönlichkeit und unseres Lebens stellen, uns mit ihnen aussöhnen und Frieden schließen können, erst dann wird unser Lebensmantel vollkommen sein. Dann werden wir ihn nicht als Last oder als Bürde auf unseren Schultern tragen, sondern wir werden uns voll Stolz und Würde darin geborgen und gehalten wissen. Erst dann werden wir so weit sein, mit uns und dieser Welt versöhnt, sterben zu können.

Wer von uns kann wohl von sich behaupten, ausschließlich wundervolle und strahlend schöne Bilder auf seinem Mantel zu haben? Wer von uns kann von sich behaupten, dass sein Leben frei von Schmerz und Leid ist, die wir doch immer wieder versuchen zu verdrängen und zu ignorieren. So gerne ich es täte, ich würde lügen ... Nachdem ich, wie bereits erwähnt, davon überzeugt bin, dass nichts verloren geht, sich also auch nichts wirklich verdrängen und verbergen lässt, weiß ich, dass ich mich irgendwann mit diesen ungeliebten, unangenehmen Dingen werde auseinandersetzen müssen, damit sie mir nicht eines Tages zur Falle werden und mich zur unrechten Zeit einholen. Und da ist es schon wieder, dieses unscheinbare Wörtchen „irgendwann", das wir so gerne einsetzen und verwenden, wenn es darum geht, Unangenehmem aus dem Weg zu gehen, es zu verschieben und zu vertagen. „Irgendwann werde ich dieses oder jenes Buch lesen", „irgendwann werde ich Sport treiben", „irgendwann werde ich das Verdrängte in mir ans Tageslicht lassen", „irgendwann werde ich sterben" ... Tja, irgendwann, bloß nicht heute! Das Wörtchen „irgendwann" setzen wir eigentlich immer dann ein, wenn wir „nie" meinen, uns aber schämen, es so direkt auszusprechen! Das ist ähnlich wie mit dem Wörtchen „man": „Man tut so etwas nicht", „man meint wirklich, die Welt sei verrückt geworden", „man hat einfach Angst, zu sterben" usw. Setzen Sie doch für jedes „man" ein „ich" ein – und beobachten Sie sich mal beim Sprechen. Es ist erschreckend, wie oft wir uns hinter dem Wörtchen „man" verstecken.

Wie auch immer, mein Lebensmantel besteht bereits heute nicht nur aus harmonischen Bildern. Irgendwo zwischen Saum und Futter lauern die nicht ganz so schönen Erinnerungen und mahnen mich von Zeit zu Zeit, auch sie in das Ganze meines Lebens zu integrieren.

3. Wirklich zuhören können

Viele Sterbende sehen sich also mit der schmerzlichen Wahrheit konfrontiert, dass manches in ihrem Leben eben doch
nicht ganz in Ordnung ist, auch wenn es schon Vergangenheit
sein mag und es ihnen scheinbar gelungen ist, es ein Leben
lang zu ignorieren. Und auch wenn dies meist nicht in Worte
zu fassen ist, so spüren sie es doch instinktiv, es quält sie und
lässt ihnen keine Ruhe. Vielleicht ist es ja so, dass die noch verdrängten, die noch nicht eingefügten Bilder ihres Lebensmantels ein Eigenleben entwickeln und ihnen sozusagen „auf der
Nase, der Seele und dem Herzen" herumtanzen und -hüpfen
und -stampfen, bis auch sie sich endlich zu einem friedlichen
Ganzen zusammenfügen und zur Ruhe kommen dürfen.

Es erscheint mir sehr wichtig, um diese Dinge zu wissen,
wenn es darum geht, zu einem Sterbenskranken eine Beziehung aufbauen zu wollen. Weil jeder Mensch seine ganz eigene Lebensgeschichte in sich trägt, muss auch jede Begegnung im Wissen um diese Einzigartigkeit erfolgen und darf
sich nicht an festgelegten Regeln und sturen Empfehlungen
orientieren. Kein Mensch gleicht dem anderen, keine Lebensgeschichte ist wie die andere, keine Begegnung mit einem
Menschen lässt sich mit anderen Begegnungen vergleichen.
Es ist wichtig, über die Biographie eines Sterbenskranken Bescheid zu wissen. Sei es nun, dass er selber in der Lage und
vor allem auch bereit dazu ist, sie zu erzählen. Sei es, dass die
nächsten Angehörigen darüber Auskunft geben.

Und da sind wir nun am Punkt des „Zuhören-Könnens"
angelangt. Denn wenn es auch keine Regeln für den Umgang
mit Sterbenskranken gibt und geben darf, eines steht ohne

Frage fest: Der Kranke steht immer an erster Stelle. Er ist derjenige, der die Dynamik des Miteinander-in-Beziehung-Tretens bestimmt. Er ist derjenige, der sozusagen den Ton angibt und aufzeigt, wo es langgeht. Aufgabe des Hospizhelfers ist es, dies unbedingt zu achten und dieser Führung durch den Kranken Folge zu leisten. Der Hospizhelfer muss sich vollkommen zurücknehmen können, so schwer es manchmal auch fallen mag, und eine Einstellung der absoluten Wertfreiheit erreichen. Dazu gehört es, zuhören zu können.

Zuhören können, so dachte ich mir, kann doch wirklich nicht so schwer sein. Ich wunderte mich ein wenig, warum diese Fertigkeit bei unserer Ausbildung so hervorgehoben und betont wurde. Zuhören, das tun wir doch tagtäglich, ununterbrochen und ohne Unterlass. Was soll daran Besonderes sein? Ich war felsenfest davon überzeugt, eine wundervolle Zuhörerin zu sein, und doch war ich jetzt durch meinen Kurs etwas verunsichert. Also stellte ich mir die Aufgabe, mich selbst beim Zuhören zu beobachten und zu überprüfen.

Als ich mich im Gespräch mit Bekannten und Freunden selbst beobachtete, stellte ich ziemlich rasch fest, dass mein Zuhören sich vornehmlich dadurch auszeichnete, dass ich mein Gegenüber gar nicht erst ausreden ließ. Ich hatte offensichtlich die Angewohnheit, meinem Gesprächspartner immer wieder ins Wort zu fallen und ihn damit jeder Chance zu berauben, sein Anliegen halbwegs zu Ende zu bringen. Doch damit nicht genug. Mein Zuhören zeichnete sich auch dadurch aus, dass ich meistens meinte, viel besser zu wissen, was der andere mir eigentlich sagen wollte, und ich ihm das auch unmissverständlich zu verstehen gab. So nach dem Motto: „Ich weiß schon, was Du sagen wolltest! Du meinst das so und so ...“ Wagte mein Gegenüber es dann, leisen Einspruch zu erheben, erstickte ich diesen Versuch im Ansatz, indem ich ihm wiederum über den Mund fuhr: „Ach wo!

Das glaubst Du bloß! Doch das ist ein Irrtum, da bin ich mir ganz sicher! Eigentlich meinst du ja dies oder jenes ...!"

Großartig! Ich war wirklich zur Zuhörerin geboren! Ich erkannte, dass hier dringend Handlungsbedarf herrschte und beschloss, mein Zuhörverhalten sofort und bedingungslos zu ändern. Wie es meine Art ist, schritt ich unverzüglich zur Tat, um meinen edlen Vorsatz so schnell wie möglich umzusetzen: Ich verabredete mich mit einer Freundin, die ich schon länger nicht mehr gesehen hatte, in einem Café. Folgende, etwas überspitzt geschilderte Beschreibung der Begegnung, die dort stattfand, soll Sie davon überzeugen, wie lernfähig ich bin:

Meine Freundin und ich begrüßen uns überschwänglich. Küsschen rechts, Küsschen links. Wir bestätigen und beteuern uns, wie sehr wir uns freuen, uns endlich wieder mal zu sehen. Nach endlosem Hin und Her schaffen wir es, an einem kleinen Tischchen Platz zu nehmen. Handtaschen werden mühsam verstaut, Sonnenbrillen zurechtgerückt, Beine x-mal übereinandergeschlagen. Bis jetzt ist eigentlich alles ganz normal. Entspannt stehe ich im Begriff, mich zurückzulehnen und es mir gemütlich zu machen, als mir siedendheiß einfällt, dass ich ja nicht zum Spaß hier bin, sondern eine Aufgabe zu erfüllen habe. Also reiße ich mich zusammen und nehme eine Aufmerksamkeit und Präsenz vermittelnde Haltung ein: Stocksteif, mit aufgerichtetem Rücken, die Hände bemüht locker im Schoß liegend, sehe ich meine Freundin mit vor Aufmerksamkeit geweiteten Augen an. Ein befremdeter Blick trifft mich.

Freundin: „Also sag mal, wie geht's denn so?"
    Ich: „Das ist jetzt nicht so wichtig. Erzähl' Du lieber mal!"
    Freundin: „OK, dann aber du!"
    Ich nicke zustimmend. Meine Freundin fängt an zu er-

zählen. Ich reiße mich zusammen und bemühe mich, ihr nicht ins Wort zu fallen. Es läuft ganz gut. Der Kellner kommt, um unsere Bestellung aufzunehmen, und bringt mich kurzfristig aus der Fassung. Ich habe mich aber ziemlich schnell wieder im Griff. Meine Freundin fährt fort zu erzählen. Ich fahre fort zu schweigen und sie anzustieren.

Freundin (nach einer Weile des Erzählens): „Also, wie findest Du denn das?"

Ich (bin verwirrt): „Es kommt nicht darauf an, wie ich das finde!" (Wow!)

Freundin (irritiert): „Wie meinst Du das?"

Ich (an Sicherheit gewinnend): „Es kommt nicht darauf an, wie ich das finde. Es kommt darauf an, wie Du das findest!"

Freundin (verwirrt): „Ah ja!"

Sie mustert mich eingehend: „Geht's Dir eigentlich gut?"

Ich verziehe keine Miene: „Darum geht es jetzt nicht."

Freundin: „Wie meinst du das?"

Ich: „Es geht jetzt nicht darum, wie es mir geht, sondern wie es Dir geht!" (Ich finde mich immer besser.)

Freundin (nervös): „Wenn Du meinst ..."

Sie fährt fort zu erzählen. Nach einer weiteren Weile: „Also, was hättest Du an meiner Stelle getan?"

Ich (innerlich jubilierend): „Das spielt keine Rolle!"

Freundin (immer nervöser): „Wie meinst Du das?"

Ich (selbstsicher): „Es spielt keine Rolle, was ich getan hätte. Wichtig ist nur, was Du getan hast!"

Freundin nimmt ihre Sonnenbrille ab und mustert mich eingehend: „Bist Du wirklich sicher, dass mit Dir alles in Ordnung ist?"

Ich (grinsend): „Ja, alles bestens! Danke! Aber erzähl' doch weiter."

Meine Freundin (irgendwie nicht mehr so gut gelaunt wie zu Beginn unseres Gespräches) erzählt weiter. Ich verziehe keine Miene. Ich höre zu. Eisern und verbissen. Nach zwei Stunden des Zuhörens (immerhin habe ich kaum ein Wort gesagt!) muss meine Freundin aufbrechen. Wir zahlen, verabschieden uns, versichern uns gegenseitig, uns so bald wie möglich wieder zu treffen. Küsschen rechts, Küsschen links. Innige Umarmung.

Ich bin erschöpft, aber zufrieden. Zuhören kann ganz schön anstrengend sein! Mein Auftrag ist zur vollsten Zufriedenheit erfüllt, das Einzige, woran ich noch arbeiten muss: Ich habe keine Ahnung, was meine Freundin eigentlich erzählt hat ....

Worin liegt nun die Kunst des Zuhörens wirklich? Und warum ist Zuhören-Können in jeder zwischenmenschlichen Beziehung so immens wichtig? Ich bin mittlerweile davon überzeugt, dass jeder Mensch sich nur in der Begegnung und in der Auseinandersetzung mit anderen Menschen erfahren und kennenlernen kann. Alle Weisheit, die wir für uns alleine, in den stillen Winkeln unseres Gehirns für uns zusammenstückeln, ist hohl und wertlos, solange sie nicht im Austausch mit anderen Menschen überprüft, hinterfragt und ausgetestet wird. Nur das Gespräch und der Austausch mit anderen erlaubt uns, unsere Erfahrungen und Gedanken Wirklichkeit werden zu lassen. Es hat schon einen Sinn, warum der Mensch miteinander und nicht nebeneinander leben soll. Optimal wäre es natürlich, wenn es uns obendrein zur lebensnotwendigen Selbstverständlichkeit würde, füreinander zu leben. Jeder von uns braucht einen Austausch mit anderen Menschen, anderen Gedanken und anderen Anschauungen. Solange ein Mensch sich mitteilen kann und solange es jemanden gibt, der ihm dabei zuhört, so lange ist dieser Mensch vor Isolation und Vereinsamung geschützt. Solange es Menschen gibt, die zuhören können, so lange kann ein

Mensch sich wichtig, ernst genommen und wertgeschätzt fühlen.

Isolation und Vereinsamung werden natürlich umso bedrohlicher und umso greifbarer, je älter ein Mensch wird. Der Lebensradius wird kleiner, die Mobilität und der Antrieb lassen nach und viele der alten Freunde sterben. Es muss grausam sein, in einer Welt, die immer schneller wird, erkennen zu müssen, dass man selbst immer langsamer wird und das Tempo der anderen nicht mehr halten kann. Wenn dann noch eine Krankheit hinzukommt, so sind die Weichen dazu gestellt, in seiner eigenen Sprachlosigkeit und Einsamkeit zu versinken.

Es ist unter anderem das Ziel der Hospizbewegung, dem Kranken und Sterbenden bis zuletzt das Gefühl zu geben, wichtig und ernst genommen zu sein. Ohne echtes Zuhören-Können ist es unmöglich, diesem Ziel auch nur annähernd gerecht zu werden. Echtes Zuhören bedeutet, sich mit all seinen Sinnen dem Menschen vor sich zuzuwenden. Wir hören nicht bloß mit unseren Ohren. Wir „hören" auch mit unserer ganzen Wahrnehmung. Wir sind durchaus in der Lage, zu empfinden, zu erahnen, was ein Mensch uns auch ohne Worte mitteilen möchte, wenn wir mit Leib und Seele bei der Sache sind. Echtes Zuhören-Können bedeutet auch, sich selbst vollkommen zurückzunehmen, ohne dabei an Aufmerksamkeit und Achtsamkeit dem anderen gegenüber zu verlieren.

Normalerweise – und genau diesen Reflex habe ich im Gespräch mit meiner Freundin versucht, zu unterdrücken – verhält es sich ja so, dass wir, wenn uns jemand etwas erzählt, das Gesagte automatisch mit unseren eigenen Erfahrungen in Bezug setzen und uns so blitzschnell ein Urteil dazu bilden. Dieses Urteil aber basiert ausschließlich auf unseren eigenen Erfahrungen, läuft sozusagen über unser ganz persönliches Erfahrungsraster und wird beim Durchlauf dieses

Rasters für uns kompatibel gemacht. Das hat gewiss seinen Sinn und seine Berechtigung, doch nicht immer. Vor allem dann nicht, wenn es darum geht, einem Sterbenskranken zuzuhören. Im Angesicht eines Sterbenskranken muss es unser inniges Anliegen sein, alles, was dieser Mensch sagt, wertfrei anzuhören und aufzunehmen. Es ist hier nicht an uns, kluge Ratschläge zu erteilen und gute Tipps zu geben. Auch erlaubt diese besondere Situation es nicht, unsere persönliche Meinung zu dem Gesagten kundzutun, außer wir werden ausdrücklich darum gebeten. Denn hier geht es nicht um uns, sondern um einen Menschen, der im Begriff ist, eine ganz persönliche und einmalige Erfahrung zu machen, die ihm keiner abnehmen kann und die nur ihm gehört.

Diesen Menschen das Gefühl zu vermitteln, in ihrer Zerbrechlichkeit und Verwundbarkeit bedingungslos angenommen zu sein, was auch immer sie sagen, tun oder lassen, sollte das höchste Gebot eines jeden Hospizhelfers sein. Erst dann kann sich die Atmosphäre des Vertrauens und der Geborgenheit einstellen, die es dem Kranken erlaubt, sich zu öffnen und seine Bedürfnisse und Gefühle zu äußern. Dies wiederum erlaubt dem Hospizhelfer, diesen einen, ganz besonderen Menschen ein Stück weit auf seinem Weg zu begleiten.

Im Grunde bin ich zu der Überzeugung gekommen, dass dieses Zuhören-Können, dieses Sich-auf-einen-Menschen-Einlassen, die Haltung der Wertfreiheit, des Nicht-Verurteilen-Wollens eine innere Einstellung sein könnte und wahrscheinlich auch sein sollte, die wir jedem Menschen gegenüber an den Tag legen und leben sollten. Hat nicht jeder Mensch es verdient, ernst genommen, wertgeschätzt und geachtet zu sein? Und will dies nicht auch jeder Mensch? Also, ich möchte es schon, und ich bemühe mich redlich, nach meinen beschämenden Anfangserfahrungen mit meiner eigenen Unfähigkeit zuhören zu können, an meiner inneren Einstellung anderen Menschen gegenüber zu arbeiten. Obwohl „arbeiten" ganz gewiss der falsche Ausdruck ist. Das hat so etwas Angestrengtes, krampfhaft Bemühtes an sich. Vielmehr geht es doch darum, sich den Wert eines Menschen vor Augen zu führen und diesen Wert jedem Menschen voll Ehrfurcht und Achtung zuzugestehen.

Das heißt natürlich nicht, dass ich mich bemühe und Sie womöglich dazu aufrufe, jedem Menschen, dem Sie und ich im Laufe eines Tages so begegnen, um den Hals zu fallen. Es gehört wohl zu den Gesetzen des Lebens, dass sich manche Menschen mit manchen Menschen besser verstehen und andere Menschen sich wiederum mit anderen Menschen. Demzufolge tun die einen sich bevorzugt mit den einen und die anderen mit den anderen zusammen. Das ist ganz normal und auch gut so. Doch die innere Wertschätzung gebührt jedem Menschen, auch wenn wir nicht mit jedem Menschen unser Leben teilen wollen und können. Sie wissen so gut wie ich, dass wir dennoch immer wieder mit Menschen zu tun haben, die nicht ganz auf unserer Wellenlänge schwingen. Glauben Sie mir, auch diesen Menschen mit einer Haltung der Wertschätzung gegenüberzutreten und zu begegnen, vielleicht auch gerade wegen ihres „Anders-Seins", macht das Leben nicht nur leichter, sondern vor allem reicher und voller.

Wenn wir einem schwerstkranken Menschen wirklich zuhören wollen, so ist es von ganz besonderer Bedeutung, diesen in seiner Ganzheit zu erfassen. Auf diesen Punkt muss ich an dieser Stelle näher eingehen.

Oftmals ist es so, dass ein sterbenskranker oder an Demenz leidender Mensch nicht mehr in der Lage ist, sich so zu artikulieren, wie es für ein gegenseitiges Verständnis wünschenswert wäre. In solchen Situationen ist es umso wichtiger, sich dem Kranken mit all seinen Sinnen zu öffnen, ihm mit „Leib und Seele" zuzuhören und sich ihm zuzuwenden. Es ist durchaus so, dass es neben dem verbalen Austausch unzählige Wege gibt, auf denen wir erfahren und feststellen können, was unser Gegenüber uns mitteilen möchte. Voraussetzung dafür aber ist, dass wir uns darauf einstellen und einlassen können und unsere Sinne mobilisieren und aktivieren. Versuchen Sie doch einmal im Gespräch mit einem Menschen nicht nur auf seine Worte zu achten, sondern schenken Sie dem Klang und dem Ton der Stimme, der Mimik, dem Ausdruck der Augen, der Körperhaltung, der Sprechweise und der Gestik ganz gezielt Beachtung. Glauben Sie mir, Sie werden überrascht sein, wie viel mehr Sie über die bloße Bedeutung und Aussage des Gesagten hinaus, über den Menschen, seine Verfassung, seine Stimmung und seine Glaubwürdigkeit erfahren werden. Und vielleicht werden Sie auch die Erfahrung machen, dass das Gesagte nicht immer mit dem wirklich Gemeinten übereinstimmt. Sicherlich kennen viele von Ihnen diese Situation aus ihrer Partnerschaft: Der Mann fragt die Frau, was sie denn bloß hat, und sie antwortet darauf: „Gar nichts, was soll ich schon haben?" In dieser Situation kann der Mann wohl mit 100-prozentiger Sicherheit davon ausgehen, dass die Befragte sehr wohl etwas hat. Nun, diese Problematik gehört in einen anderen Bereich, ist aber auf alle Fälle ein schönes Beispiel dafür, dass wir schon genau hinhören, hinschauen und hinfühlen müssen, wenn wir nicht nur wissen wollen, was der andere sagt, sondern auch, was er wirklich meint.

Es gibt eine Methode, die auch in der Hospizpflege angewendet wird und den Pflegenden dabei helfen soll, mit den Schwerstkranken zu kommunizieren. Diese Methode heißt „Validation". Sie wurde von Naomi Feil entwickelt und dient im Ursprung dazu, mit sehr alten, an Demenz erkrankten Menschen in Beziehung treten zu können. Das Wort Validation kann mit „wertschätzen" übersetzt werden, wodurch der Kerngedanke dieser Methode sehr gut zum Ausdruck kommt. Denn im Zentrum der Validation steht das Bemühen, den Kranken in seinen Äußerungen, Gefühlen und Handlungen ernst zu nehmen und wertzuschätzen. Die Validation geht davon aus, dass Demenzkranke und Sterbende danach streben, die unerledigten Aufgaben ihres Lebens noch aufzuarbeiten. Offenbar ist es so, dass zu jedem Lebensabschnitt bestimmte Aufgaben gehören. Schafft ein Mensch es nicht, diese Aufgaben im jeweiligen Lebensabschnitt zu erledigen, so kommt es zu psychischen Problemen, die es dem alten Menschen erschweren, in Frieden Abschied zu nehmen. Validation kann dann helfen, mit dieser Problematik besser zurechtzukommen, sie vielleicht sogar gänzlich aufzulösen. Validation hilft, Stress abzubauen, und ermöglicht es den Kranken, Würde und Glück wiederzuerlangen. Die Methode basiert auf einem ganzheitlichen Ansatz, der besagt, dass alle Menschen einzigartig und als Individuum zu behandeln sind. Ebenso sind alle Menschen wertvoll, ganz gleichgültig, in welchem Ausmaß sie verwirrt und krank sein mögen.

Oberste und wichtigste Voraussetzung für gelingende Validation ist die Fähigkeit zur Empathie. Der Begriff Empathie kommt aus dem Griechischen, wo „empatheia" die Fähigkeit bezeichnet, sich in die Gedanken, Gefühle und das Weltbild eines anderen Menschen hineinzuversetzen. Etwas einfacher ausgedrückt bedeutet dies, „sich die Schuhe eines anderen anzuziehen" oder zu versuchen, mit den Augen des anderen zu sehen. Nur ein empathisches Verhalten ermöglicht es, annähernd nachzuvollziehen, was ein Schwerstkranker oder an Demenz Leidender auszudrücken versucht und wie seine Gefühlswelt und seine Bedürfnisse wirklich aussehen. Um ein möglichst großes Maß an Empathie zu erreichen, muss die pflegende Person sich selbst zurücknehmen können. Nur wenn der Patient glaubhaft und überzeugend das Gefühl vermittelt bekommt, in seinem Zustand, in seinen Äußerungen und in seinem Verhalten ernst genommen und wertgeschätzt zu werden, kann ein Gefühl des Vertrauens entstehen, das ihm Geborgenheit und Angenommensein schenkt. Dieses Gefühl des Vertrauens wiederum verringert die möglichen und meist bestehenden Angstzustände des alten Menschen, der sich in seiner Welt und seinem Körper nicht mehr zurechtfinden kann. Wenn er die schmerzlichen Gefühle, die ihn quälen und belasten, zum Ausdruck bringen kann und er die Erfahrung machen darf, dass diese wertfrei und ohne be- oder gar verurteilt zu werden, angenommen werden, dann verlieren diese Gefühle ihre Intensität und Bedrohlichkeit und lösen sich im besten Falle ganz auf. Hat der Patient aber keine Möglichkeit, diese Gefühle im wahrsten Sinn des Wortes auszudrücken, und sieht er sich deswegen gezwungen, sie weiterhin zu unterdrücken und zu ignorieren, so werden sie immer stärker, präsenter und quälender.

Es gibt eigene Lehrgänge, in denen die Methode und die Kunst der Validation vermittelt und gelehrt wird, und es fällt nicht schwer, sich vorzustellen, von welch großer Bedeutung Validation im Umgang und in der Pflege alter, kranker und dementer Menschen ist. Und zwar nicht nur für Ärzte, Pflegepersonal, Seelsorger und Hospizhelfer, sondern auch für die Angehörigen und Nahestehenden solcher Menschen. Ich muss gestehen, dass mir die Methode der Validation sogar im Umgang mit meinen Kindern ausgesprochen hilfreich ist, denn auch deren Verhalten ist oftmals befremdlich, verwunderlich und oft nur schwer nachzuvollziehen.

Um echtes Zuhören zu ermöglichen, um Validation gelingen zu lassen, ist es im Umgang mit Schwerstkranken unerlässlich, sich selbst und seine Person vollkommen zurückzunehmen. Unter dem Motto: „Was auch immer der Kranke sagt oder tut, wie auch immer er sich verhalten mag, ich bin nicht bei ihm, um darüber ein Urteil zu fällen, ihn zu bewerten, womöglich zu kritisieren oder gar verändern zu wollen." Diese Einstellung in die Tat umzusetzen ist gar nicht so einfach. Es ist sogar unglaublich schwer! Wenn ich hier von so großen und bedeutsamen Dingen wie Vertrauen, Wertschätzung, Achtung, der Linderung seelischer und körperlicher Schmerzen und Qualen schreibe, so klingt das vielleicht einfach, sanft und gnadenvoll. Doch Papier ist bekanntlich geduldig und was sich in der Theorie leicht und einfach darstellen und auch nachvollziehen lässt, sieht in der Praxis oftmals ganz anders aus! Denn den „perfekten Patienten", der geduldig und sanft, freundlich und offen, mitteilsam und doch nicht aufdringlich und der vor allem unendlich dankbar für alles ist, was man für ihn tut, den gibt es nicht. Sonst wäre es vielleicht ein Leichtes, sich zurückzunehmen. Doch nehmen Sie sich bitte zurück, bleiben Sie wertfrei, geduldig und liebevoll, wenn der Kranke all seine Trauer, seine Verzweiflung, seinen Zorn an Ihnen auslässt. Wenn er Ihnen das Gefühl gibt, unerwünscht, überflüssig und nutzlos zu sein. Wenn alles, was Sie für ihn tun, angeblich falsch und schlecht für ihn ist. Ich selbst bin zum Beispiel eine schreckliche Patientin! Bereits als Kind habe ich, wenn ich krank war, und das kam, wie Sie mittlerweile wissen, öfters vor, meine gesamte Umgebung, insbesondere meine Mutter ganz schrecklich gequält. Ich kann mit Schmerzen schlecht umgehen und bin außerdem sehr ungeduldig! Ich wage gar nicht, mir auszumalen, wie sich das mit zunehmendem Alter entwickeln wird. Deshalb entschuldige ich mich bereits heute bei allen Menschen, die mir irgendwann vielleicht einmal als Kranke begegnen werden! Glauben Sie mir: Was auch immer ich tun oder sagen werde, ich meine es nicht so!

Es ist oft schwierig, mit den Launen eines Patienten zurechtzukommen und diese nicht persönlich zu nehmen. Insbesondere in der Pflege alter, kranker und dementer Menschen stellt dies eine unglaubliche Herausforderung dar. Nur wer in der Lage ist, sich selbst zurückzunehmen, kann über lange Zeit damit zurechtkommen. Zum Schutz des Patienten, aber auch, und das darf nicht vergessen werden, zum eigenen Schutz! Denn nur, wem dieses Sich-Selbst-Zurücknehmen gelingt, der schafft es auch, seine eigene psychische Stabilität zu bewahren.

Unter diesem Aspekt verstand ich nun auch, warum ich vor Beginn meiner Hospizhelfer-Ausbildung so genau Auskunft über meine Beweggründe geben musste! Diese „peinliche Befragung", der sich jeder zukünftige Hospizhelfer unterziehen muss, hat ihre Berechtigung und ihren Sinn. Stellen Sie sich vor, Sie möchten unbedingt in der Hospizpflege tätig sein, weil Sie es zum Beispiel versäumt haben, Ihre eigene Mutter in ihrer Krankheit und in ihrem Sterben zu begleiten. Dies belastet Sie nun und Sie spüren das dringende Bedürfnis, Ihr augenscheinliches „Fehlverhalten" und „Versagen" dadurch wiedergutzumachen, dass Sie anderen Kranken und Sterbenden beistehen. Ihr Wunsch zu helfen mag innig und aufrichtig sein, doch was wird wohl passieren? Unbewusst oder bewusst werden Sie in jedem Kranken, in jedem Sterbenden Ihre eigene Mutter sehen und sich somit mit dem Leid und den Schmerzen des Patienten vollständig identifizieren. Wie lange wohl, meinen Sie, könnten Sie das aushalten?

Gerade in der Hospizpflege, wie auch in allen anderen helfenden Berufen, ist es sehr wichtig, als Pflegender und als Helfender immer wieder innezuhalten und sich zu fragen: Wie gut komme ich mit meinen Gefühlen und Empfindungen zurecht? Wie sehr fühle ich mich belastet oder in die Pflege und die Begleitung eingebunden? Alle aktiven Hospizhelfer werden durch einen ausgebildeten Supervisor für Betreuende und Pflegende dabei unterstützt. Supervision ist Hilfestellung und psychosoziale Begleitung für alle, die sich mit Problemen, Konflikten, Krisen und Leiden anderer konfrontiert sehen. Praktisch sieht das folgendermaßen aus: Die Betreuenden und die Pflegenden treffen sich in regelmäßigen Abständen und kommen zusammen, um sich über ihre Erfahrungen auszutauschen. Die Supervision bietet einerseits die Möglichkeit, belastende Situationen und Erfahrungen zu verarbeiten, auf der anderen Seite wird in der Gruppe Halt, Unterstützung und Bestätigung gefunden. Wie wichtig dies ist, liegt wohl auf der Hand! Wieder einmal machte ich die Erfahrung, dass nahezu alles, was für die Hospizpflege von Bedeutung ist, auch im normalen Leben seine Berechtigung hat! Wahrscheinlich sollte es für alle Berufe und für alle Altersklassen die Möglichkeit zur Supervision geben. Denn was auch immer wir tun, in welchem Beruf wir auch tätig sein mögen, ob als Hausfrau und Mutter, als Managerin oder Firmenchefin, es ist ein Naturgesetz, dass nur zu geben vermag, wer auch zu geben hat. Und zu geben hat nur, wer darauf achtet, dass er sich nicht verausgabt, wer Sorge dafür trägt, wie und wo er auch wieder auftanken kann.

4. Erster Ausflug in die Praxis

Zur theoretischen Ausbildung zum Hospizhelfer gehört es auch, in einer sozialen Einrichtung ein Praktikum zu absolvieren. Das heißt, jedem Kursteilnehmer unseres Kurses wurde ein Patient in einem Altersheim oder in einer ähnlichen Institution zugewiesen. Wir selbst konnten mitentscheiden, welchen Patienten wir betreuen wollten. Doch da ich keine Ahnung hatte, nach welchen Kriterien ich mir meinen ganz persönlichen Patienten auswählen sollte, überließ ich die Qual der Wahl dem Zufall und nahm bloß insoweit Einfluss, als ich mich für ein Altersheim entschied, das relativ nahe an meinem Wohnort liegt. So kam es, dass mir eine hochbetagte Dame zugewiesen wurde, die an fortschreitender Demenz litt. Es war vorgesehen, diese Dame ein- bis zweimal die Woche „zwanglos" zu besuchen und ein wenig Zeit mit ihr zu verbringen. Auf diese Art und Weise konnten wir unser bisheriges theoretisches Wissen in die Tat umsetzen.

Ich denke, ich muss Ihnen nicht beschreiben, mit welch wachsender Unruhe und Nervosität ich dem ersten Besuch bei dieser Dame entgegenzitterte. Fieberhaft ging ich schon Tage davor sämtliche Unterlagen meines Kurses wieder und wieder durch, wiederholte in Gedanken das bereits Gelernte und versuchte, alle Eventualitäten, die dieses erste Zusammentreffen wohl bereithalten mochte, in Erwägung zu ziehen, um dann für den Tag X gewappnet zu sein. Nun, Tag X kam und mit ihm der große Augenblick beziehungsweise der vereinbarte Termin. Ich weiß noch, dass mein Herz mir bis zum Hals schlug, als ich das Altersheim erreichte. Da ich aber eine Meisterin der Täuschung bin, riss ich mich zusammen und erreichte trotz extremen Kniezitterns erstaunlich aufrecht die Rezeption, wo ich betont souverän und höflich auf meinen Termin hinwies und bat, zu meiner Patientin geführt zu werden. Offenbar schien man mir meine Aufregung nicht anzumerken, denn weder wurde mir ein Stuhl noch ein Glas Wasser angeboten. Man schenkte mir bloß ein freundliches Lächeln und bat mich, doch auf ihr Zimmer zu gehen. So weit, so gut. Ich konnte meine Souveränität aufrechterhalten und machte mich auf die Suche nach besagtem Zimmer. Im hilflosen Versuch, mich in dem Wirrwarr von Gängen und Zimmerfluchten zu orientieren, vergaß ich beinahe meine Nervosität. Mir schoss bloß der Gedanke durch den Kopf, wie die an Verwirrung und Demenz leidenden Insassen dieses Heimes sich hier wohl zurechtfinden konnten. Ich war dazu scheinbar nicht in der Lage. Also dauerte es ein ganzes Weilchen, bis ich endlich das richtige Stockwerk mit dem passenden Zimmer gefunden hatte.

Da stand ich nun. Die Tür zu Zimmer fünf war geschlossen. Eigentlich war das zu erwarten gewesen, dennoch überlegte ich tatsächlich, was ich nun tun sollte. Anklopfen natürlich! Ich ärgerte mich über mich selbst. Also klopfte ich zaghaft an die Tür. Nichts geschah. Ich wartete. Nach einer Weile klopfte ich nochmals, etwas lauter allerdings. Nichts geschah. Wahrscheinlich würde ich heute noch vor dieser geschlossenen Tür stehen, wenn nicht eine vorüberkommende Pflegerin mich darauf aufmerksam gemacht hätte, dass Anklopfen bei meiner Patientin wenig Sinn mache, da sie nicht nur dement, sondern auch schwerhörig sei. Ich sollte doch einfach in das Zimmer gehen. Ah ja! Auf diesen Gedanken hätte ich eigentlich auch von alleine kommen können. Ich ärgerte mich immer mehr über mich. Zudem war ich ein ganz klein wenig enttäuscht, dass meine leise Hoffnung, dass meine Patientin zufällig „außer Haus" sein könnte und unser Termin somit auf einen anderen Tag, an dem ich mich vielleicht nicht ganz so unsicher und hilflos fühlen würde, verschoben werden müsste, grausam zerplatzte. Glauben Sie mir, ich fühlte mich nicht gut. Um ehrlich zu sein, ich fühlte mich ganz schlecht! Doch ich besann mich, machte mir klar, warum ich eigentlich hier war, und öffnete, als ich Schritte nahen hörte, wild entschlossen die Tür, aus Angst, dieselbe Pflegerin könnte nochmals vorbeikommen und sich über mein befremdliches Verhalten wundern.

Ich trat ein. Das war also geschafft. Ich stand in einem hellen, freundlichen Zimmer, und in einem Lehnstuhl versunken saß eine alte Dame und schien in irgendeine Tätigkeit vertieft. Ich würde Ihnen jetzt gerne erzählen, wie sie ihr kleines, von Falten und Fältchen durchzogenes Gesicht hob und mich aus gütigen Augen freundlich anlächelte. Doch nichts dergleichen geschah. Sie nahm mich nicht einmal wahr! Großartig! Was sollte ich jetzt tun? Fieberhaft stöberte ich in Gedanken meine Unterlagen durch und suchte nach irgendeinem Hinweis, was in einem solchen Fall zu tun sei. Doch das Kapitel „Wie mache ich mich einem Patienten bemerkbar?", wollte sich nicht finden lassen. Mir brach der Schweiß aus und ich versuchte, mich selber zu „supervisionieren". Sie glauben gar nicht, zu wie vielen verschiedensten Gedanken ein Mensch in einer solchen Situation fähig ist, wenngleich das noch lange nicht bedeuten muss, dass diese Gedanken auch zielführend und zu irgendetwas nutze sind! Irgendwie musste es doch möglich sein, mich dieser kleinen, zerbrechlichen Person zu nähern, ohne dass ich sie zu Tode erschreckte.

Da fiel mir ein, dass ich gelernt hatte, dass wir uns mit dem Patienten auf eine möglichst gleiche körperliche Ebene begeben sollten. Dass wir es sozusagen vermeiden sollen, den Patienten „von oben herab" zu behandeln. Diese spontane Eingebung war ein Anker für mich. Allerdings erschien es mir unangemessen, mich auf den Stuhl, der neben der Türe stand, zu setzen und solcherart auf sie zuzurutschen. Also machte ich ein paar vorsichtige Schritte auf sie zu, um mich ihr dann in der Hocke so lange zu nähern, bis ich unweigerlich in ihr Blickfeld geriet. Es klappte. Als sie mich etwas befremdet, aber nicht sonderlich erstaunt anblickte, schien mir der rechte Moment gekommen, sie strahlend anzulächeln und ihr meinen Namen zu nennen. Die Reaktion war überwältigend: „Ja!" Ich dachte, sie hätte mich nicht verstanden und startete einen neuen Anlauf. Ich war mir nicht sicher, ob ihr erneutes „Ja!" als Erfolg zu werten war. Dies war zwar nicht gerade ermutigend, aber zumindest ein Anfang. „Ich möchte Sie besuchen!" „Ja?" „Ich möchte Sie gerne besuchen!" „Ja?" Ach herrje, so etwas Ähnliches hatte ich befürchtet! Nun stand ich doch auf, nicht weil ich ihr keine Achtung entgegenbringen wollte, aber meine Stellung war mittlerweile etwas unbequem geworden und ich fühlte, dass ich meine Sicherheit in der Hocke nur schwer wiedererlangen würde. So stand ich also vor ihr und versuchte, betont langsam, deutlich und klar verständlich die Gründe für mein Kommen darzulegen. Während der ganzen Zeit, die ich da so redete, blickte sie mich von oben bis unten an und musterte mich eingehend. Wirklich wohl fühlte ich mich nicht in meiner Haut, aber ich wusste: „Da muss ich jetzt durch!"

Als ich schließlich schwieg, war die kleine Dame mit der Musterung meiner Person noch lange nicht fertig. Schweigend fuhr sie fort, jeden Zentimeter an mir genau zu betrachten und zu erforschen. Ich wusste nicht so recht, was ich tun sollte, also schwieg ich auch und wartete ab. Nach einer Weile, die mir wie eine Ewigkeit erschien, blieb ihr Blick schließlich an meinen Füßen beziehungsweise an den Schuhen, in denen diese steckten, hängen. Endlich gab sie ein Lebenszeichen von sich: „Diese Schuhe", sagte sie, „sind aber sehr spitz. Das muss mächtig wehtun!" Ich glaubte, mich verhört zu haben. Dann aber musste ich lachen. Die ganze Situation erschien mir einfach zu grotesk. „Nein, nein", sagte ich, „die tun gar nicht weh. Im Gegenteil, sie sind sogar recht bequem!" „Na ja, wenn Sie meinen!", erwiderte sie lakonisch und schaute mir endlich in die Augen. Das Eis war gebrochen. Mir fiel ein riesiger Stein vom Herzen und ich fragte, ob es wohl in Ordnung sei, wenn ich mich ein wenig zu ihr setzen würde. Sie nickte und erleichtert nahm ich auf einem Stuhl ihr gegenüber Platz. Ich erkundigte mich, womit sie sich denn gerade beschäftigte, und wortlos reichte sie mir ein kleines Album. Ich dankte ihr und schaute interessiert die Fotografien darin an. „Ist das ihre Familie?", fragte ich. Sie blickte vor sich hin und sagte nichts. Ich schwieg und blätterte weiter in dem Album. Sie blickte vor sich hin. Als ich die Fotografien in dem Album so lange studiert hatte, dass ich ihre Reihenfolge von vorne nach hinten und von hinten nach vorne auswendig kannte, gab ich es ihr zurück. Sie nahm es wortlos entgegen, schlug es auf und versank wieder im Anblick der Menschen, von denen ich immer noch nicht wusste, ob sie nun ihre Familie waren oder nicht.

Ich betrachtete sie und es berührte mich auf eine eigenartige Weise, wie sie da saß: so klein, so alt und so zerbrechlich. Sie schien in ihrer eigenen Welt zu sein, zu der ich im Augenblick keinen Zutritt hatte. Ich wusste so gut wie nichts über sie, außer, dass sie sich in einem recht fortgeschrittenen Stadium der geistigen Verwirrung befand, schwer hörte und körperlich nicht mehr sehr beweglich war, was einfach an ihrem hohen Alter lag. Sie wirkte sehr gepflegt. Ihre Kleidung war ordentlich, mit einem Hauch von Eleganz, ihr schneeweißes Haar gut frisiert. Alles in allem machte sie einen zufriedenen Eindruck, wie sie da saß und ihre Fotografien betrachtete. Als ich den sicheren Eindruck gewonnen hatte, dass sie mich und meine Anwesenheit wohl bereits vergessen haben mochte, durchbrach sie, ohne dabei den Blick von ihrem Album zu heben, unser Schweigen mit den Worten: „Also ich glaube nicht, dass diese spitzen Schuhe bequem sind!" Ich war sprachlos.

So endete mein erster Besuch. Bevor ich mich von ihr verabschiedete, fragte ich, ob es in Ordnung sei, wenn ich wiederkommen und sie nochmals besuchen würde. Diesmal reagierte sie blitzschnell und prompt. „Wann?", fragte sie und blickte mich aus plötzlich hellwachen und ganz klaren Augen fragend an. „Bald", sagte ich, „schon sehr bald", doch ich weiß nicht, ob meine Antwort sie noch erreichte, denn sie hatte sich bereits wieder in ihr Album vertieft und schien nicht gewillt, noch etwas von sich zu geben. Behutsam schloss ich hinter mir die Tür zu ihrem Zimmer und verließ nachdenklich das Altersheim.

Den nächsten Besuch plante ich für die kommende Woche ein, davor aber trafen wir im Rahmen unserer Hospizhelfer-Ausbildung noch mit allen Kursteilnehmern zusammen, um unsere Erfahrungen auszutauschen. Ich gestehe, dass ich mich bei diesem Austausch sehr zurückhielt und so gut wie nichts von meiner kleinen Dame und mir berichtete. Was hätte ich auch berichten können? Dass ich mich wie ein infantiler Idiot im Zustand einer akuten Panikattacke benommen hatte und mich nicht in das Zimmer meiner Patientin getraut hatte? Dass unsere ganze Kommunikation in gegenseitigem Schweigen und einem etwa 1,5 Minuten andauernden Dialog über meine Schuhe bestanden hatte? Also bei allem Mut zur Selbstentblößung, so weit wollte und konnte ich dann doch nicht gehen! Ich war aber dennoch erstaunt und irgendwie auch versöhnt, als ich von den anderen Kursteilnehmern erfuhr, dass ihre erste Begegnung mit ihren Patienten auch nicht gerade das gewesen war, was man gemeinhin einen vollen Erfolg nennt. Dass auch sie die Erfahrung gemacht hatten, wie unsicher und ängstlich sie dieser ersten Begegnung gegenüberstanden, und dass das tatsächliche Verhalten mit unserem Wunschverhalten nichts gemein hatte. Das regte mich dazu an, mir darüber Gedanken zu machen, was ich mir denn eigentlich vorgestellt hatte und von meinem ersten Kontakt mit einem altersschwachen Menschen erwartet hatte? Dass er sich vor Freude über mein Auftauchen überschlagen würde? Na ja, nicht unbedingt! Aber ein bisschen schon.

Damit hatte ich schon zu Beginn meiner praktischen Erfahrungen gegen die im Umgang mit Alten und Kranken unerlässliche Einstellung zuwidergehandelt, dass immer der Patient an erster Stelle zu stehen hat. Was wir denken und fühlen ist absolut nebensächlich und spielt keine Rolle. Es geht nicht um uns, nicht um unsere Gefühle und Vorstellungen, sondern nur um die des anderen. Da hatten wir es wieder einmal: die ewige Kluft zwischen Theorie und Praxis! Da half nur eines: üben, üben, üben!

Also bereitete ich mich auf meinen nächsten Besuch intensiv vor, indem ich mir Gedanken machte, womit ich die Zeit mit meiner kleinen Dame sinnvoll ausfüllen könnte. Doch, HALT! STOP! Was hieß hier „Zeit sinnvoll ausfüllen"? Und wer bestimmte bitte, was „sinnvoll" bedeutet und was „sinnvoll" ist? Ich war wieder einmal in die Falle getappt! Zum x-ten Male rief ich mir ins Gedächtnis, dass es nicht darum ging, ob ich persönlich meine Besuche im Altersheim für sinnvoll erachtete, sondern dass es ausschließlich darum ging, dass die gemeinsam verbrachte Zeit für meine kleine Dame gut und angenehm war. Und wie kam ich eigentlich dazu, mir anzumaßen, dass ich wüsste, was für sie gut und angenehm sein mochte?

Zähneknirschend nahm ich mich zurück und erkannte, dass ich mit dieser Einstellung nicht sehr weit kommen würde. Mein Bemühen musste dahin gehen, dass der Mensch, den ich besuchte, mit diesem Besuch zufrieden, vielleicht sogar ein bisschen glücklich sein konnte. Wie auch immer das aussehen mochte. Das war das Einzige, worauf es ankam und was zählte! Und wenn es meine kleine Dame glücklich machte, eine Stunde lang meine spitzen Schuhe zu inspizieren, dann mochte sie es eben tun! Dann konnte ich bei unserem nächsten Hospizhelfer-Treffen eben nicht damit angeben, dass es mir gelungen sei, das Vertrauen zu meinem Patienten so weit aufzubauen, dass wir gemeinsam töpferten, musizierten und ich zum Abschluss meines Besuches eine Aromaöl-Massage machen durfte.

Konnte es womöglich sein, dass ich mir ein persönliches Erfolgserlebnis wünschte? Konnte es sein, dass ich mein Bemühen, mich mit der Hospizbewegung auseinanderzusetzen und mich mit deren Vorgehensweise, Ideologie und Inhalten vertraut zu machen, darin bestätigt und gutgeheißen sehen wollte, dass mein Kontakt zu einem dementen, alten Menschen für meine Erwartungen und Vorstellungen erfolgreich und befriedigend verlief? Ich erschrak, denn ich spürte instinktiv, dass ich, wenn es sich wirklich so verhielte, Gefahr lief, einen sehr gefährlichen Weg einzuschlagen. Das wollte ich nicht! Um keinen Preis! Ich hatte eine Entscheidung getroffen und die konnte niemand außer mir selber gutheißen und bestätigen. Ich hatte mich entschieden, mich auf dieses Thema einzulassen, und dies wollte ich auch wirklich tun. Doch erst jetzt erkannte ich, dass Sich-Einlassen vor allem eines bedeutet: nämlich Loslassen. Solange ich nicht bereit war, meine Vorstellungen und Erwartungen, ja mich selber loszulassen, so lange würde keine Begegnung mit einem alten, kranken und dementen Menschen wahrhaftig sein können.

Denn so lange würde ich mir dabei immer selbst im Wege stehen. Diese Erkenntnis traf mich tief. Andererseits war ich unendlich dankbar dafür, denn erst jetzt, so empfand ich es zumindest, konnte ich mich wirklich dafür entscheiden, ob ich „der Wahrheit" von Angesicht zu Angesicht ins Auge schauen wollte, oder ob ich es vielleicht doch lieber beim bloßen „Theoretisieren" belassen sollte.

Als der Tag meines nächsten Besuchstermins kam, machte ich eine höchst erfreuliche Feststellung: Als ich diesmal am Altersheim ankam, war ich weder nervös noch ängstlich. Ganz im Gegenteil, ich freute mich auf die kleine alte Dame, von der ich nicht wusste, ob sie mich überhaupt wiedererkennen würde. Ich hatte der Wahl meines Schuhwerkes besondere Beachtung geschenkt und mich nach langem Hin und Her letztlich für das bereits wohlbekannte „spitze" Modell entschieden. Vielleicht weil ich die leise Hoffnung hegte, mit diesen Schuhen so etwas wie einen Wiedererkennungseffekt erzielen zu können. Diesmal gelang es mir sogar, mich verhältnismäßig schnell in dem großen Gebäude zurechtzufinden, und als ich nun vor der geschlossenen Türe stand, zögerte ich nicht, kurz und heftig anzuklopfen und einfach einzutreten.

Da saß sie wieder, meine kleine Dame, in ihrem Lehnstuhl versunken. Doch diesmal war sie nicht in die Betrachtung des Albums versunken und blickte bei meinem Eintreten gleich auf. Ich spürte, dass es nicht nötig war, mich nochmals vorzustellen und ihr nochmals den Grund für mein Kommen zu erläutern. Stattdessen ging ich auf sie zu und fragte, ob es in Ordnung sei, wenn ich mich zu ihr setzte. Sie blickte mich sehr, sehr lange an, so als ob sie angestrengt nach etwas suchen würde, ehe sie schließlich kurz und knapp sagte: „Ja!" Als ich ihr nun gegenübersaß, versuchte ich zu erspüren, in welcher Stimmung sie wohl sein mochte und was zu tun angebracht wäre. Sie betrachtete mich wieder eingehend, wobei meine Schuhe ihr diesmal augenscheinlich nicht ins Auge stachen. Nachdem sie ihre Inspizierung beendet hatte, wandte sie ihren Kopf zum Fenster und schaute unverwandt hinaus. Ich folgte ihrem Blick. Es war ein wundervoller, sonniger Frühlingstag. Der Himmel war blau und die Bäume entfalteten ihre ersten Blätter. Ich hatte einen Gedankenblitz. „Möchten Sie ein bisschen mit mir nach draußen gehen?" Sie schwieg und wandte ihren Blick nicht vom Fenster ab. Auch ich schwieg und wartete. Wir hatten Zeit. Nach einer ganzen Weile sagte sie: „Ja"! Mein Herz machte einen Hüpfer vor Freude und ich stand auf, um alles für unseren Ausflug in die Wege zu leiten. Bereitwillig ließ sie sich warm anziehen und nahm dann sichtlich zufrieden in ihrem Rollstuhl Platz. Es konnte losgehen!

Zu dem Altersheim gehörte ein ziemlich weitläufiges Gelände, auf dem viele Bäume, Büsche und Blumen standen. Dazwischen, immer wieder verstreut, standen Bänke. Ich schob den Rollstuhl sehr vorsichtig und behutsam über die Gehwege. Langsam, ganz langsam ging ich, denn ich konnte mir gut vorstellen, dass die kleine Dame sich erst allmählich an die frische Luft, die vielfältigen Geräusche und den Anblick des Gartens gewöhnen musste. Nach einer Weile steuerte ich eine Bank an, die inmitten blühender Büsche unter einem Baum stand. Ich überlegte, wie ich den Rollstuhl platzieren sollte, sodass die Dame einerseits die Aussicht genießen konnte, andererseits aber auch mich sehen konnte, damit sie sich nicht alleine und verlassen zu fühlen brauchte. Schließlich hatte ich die, wie mir schien, optimale Position gefunden und ließ mich auf der Bank nieder. Gespannt beobachtete ich, wie sie sich wohl verhalten würde. Nun, sie schaute vor sich hin, einfach so. Ich versuchte ihrem Blick zu folgen, um herauszufinden, was sie wohl in Augenschein nahm, doch ich konnte nichts Besonderes entdecken. Auch gut, dachte ich bei mir und schaute auch so vor mich hin.

Ich versuchte, mir vorzustellen, was wohl in ihr vor sich gehen mochte. Wie fühlt es sich an, „den Verstand zu verlieren", überlegte ich weiter. Ab wann merken Demenzkranke, dass sie sich selbst und ihrer Umwelt entgleiten? Und wenn sie es merken, ist es ein bewusstes oder ein gnädiges, verschwommenes Wahrnehmen der eigenen Vergesslichkeit und Verwirrung?

Der Begriff Demenz findet seinen Ursprung in dem lateinischen Wort „Dementia", was so viel wie „Verrücktheit" bedeutet. Unter Demenz versteht man den Verfall der geistigen Leistungsfähigkeit, wobei vor allem die Gedächtnisleistung und das Denkvermögen betroffen sind. Man unterscheidet hauptsächlich zwischen Demenz, die durch die Alzheimer-Krankheit hervorgerufen wird, und Demenz, die gefäßbedingt ist, also durch die Verkalkung der Gefäße im Gehirn verursacht wird. Daneben gibt es noch einige andere Ursachen, die aber prozentual nicht so sehr ins Gewicht fallen. Was auch immer die Ursache für Demenz sein mag, die Auswirkungen sind bei fast allen Krankheitstypen die gleichen: die Gedächtnisleistung und das Denkvermögen der Betroffenen nehmen ab.

Zu Beginn der Krankheit ist vor allem das Kurzzeitgedächtnis betroffen. Die Kranken haben Schwierigkeiten, neue gedankliche Inhalte aufzunehmen und wiederzugeben. Im Verlauf des Lebens erworbene Lerninhalte gehen verloren, ebenso wie die Fähigkeit, Personen oder Gegenstände zu identifizieren und wiederzuerkennen. Auch die Orientierung wird beeinträchtigt sowie die Urteilsfähigkeit. Im Verlauf der Krankheit lassen das Sprech- und Rechenvermögen nach und es kann zu einer Zerstörung der Persönlichkeit kommen. In der Praxis kann dies bedeuten, dass der Erkrankte zunehmend nicht mehr in der Lage ist, den einfachsten Alltagsaktivitäten nachzukommen. Waschen, Kochen, Einkaufen und Ähnliches werden zu einem kaum zu bewältigenden Problem. Auf der psychischen Seite wirkt sich dies solcherart aus, dass die Betroffenen aggressiv, depressiv, enthemmt und in ihrer Stimmung extrem sprunghaft werden können, was den Umgang mit ihnen und ihre Pflege äußerst schwierig gestaltet. Demenzkranke verlieren die Eigeninitiative. Sie kümmern sich nicht mehr um ihre gewohnten Interessen, versäumen es, ihre Wohnung aufzuräumen, und vergessen, sich zu waschen und zu pflegen. Mit der Zeit sind sie nicht mehr in der Lage, sich selbst zu ernähren: Sie haben keinen Antrieb zum Essen, verlieren das Hungergefühl und vergessen schließlich, die Nahrung zu kauen und hinunterzuschlucken. Bei allen Demenzformen kann es auch zu wahnhaften Störungen kommen. Ganz typisch dafür ist es, dass die Betroffenen in der Dämmerung oder im Zwielicht Personen sehen, die gar nicht anwesend sind, und sich sogar mit ihnen unterhalten.

Auch bei diesem Krankheitsbild kann das Sich-Hinein-Versetzen in die betroffene Person, also die Validation, von großer Bedeutung und Hilfe sein. Auf alle Fälle ist es wichtig, sich klarzumachen, dass die Welt für Demenzkranke unverständlich und bedrohlich aussehen muss, weil sie die spezifische menschliche Wahrnehmung, die Orientierung verlieren. Sie können Personen, Gegenstände und Situationen in keinen Zusammenhang mehr einordnen. Da sie keinen Zugriff mehr auf zurückliegendes, früheres Wissen haben, fehlt ihnen die Sicherheit der im Gedächtnis gespeicherten Erfahrung, um mit neuen Situationen zurechtzukommen. Zusätzlich verunsichernd ist es, dass Zustände wie Wachsein, Traum, Vergangenheit, Illusion und Realität miteinander verschwimmen und voneinander nicht mehr getrennt und unterschieden werden können. Auch treten Halluzinationen auf, die der Patient als vollkommen real erlebt. Es ist auch nicht möglich, ihm diese Halluzinationen verständlich zu machen oder gar „auszureden".

Für alle Tätigkeiten, und seien sie noch so unbedeutend und unwichtig, braucht der an Demenz Erkrankte unendlich viel Zeit. Auch seine Reaktionen sind sehr verzögert. Da Demenzkranke das Verhalten der anderen nicht mehr nachvollziehen und einordnen können, fühlen sie sich häufig missverstanden und bevormundet. Besonders schmerzlich muss es für den Demenzkranken sein, seinen Zustand und seine zunehmende Verwirrung und Orientierungslosigkeit zumindest ansatzweise mitzuerleben und wahrzunehmen. Mit voranschreitender Erkrankung kommt es zu einer Verflachung der Gefühlswelt. Der Kranke leidet nun an einer stetig wachsenden Interesselosigkeit und der Unfähigkeit, sich zu freuen, traurig zu sein oder andere Gefühle zu empfinden.

Es heißt, dass es im Umgang mit Demenzkranken hilfreich ist, eine sehr einfache und klare Sprache zu gebrauchen. Die Unfähigkeit, abstrakt zu denken, macht es einem Betroffenen nahezu unmöglich, lange, verschachtelte Sätze zu verstehen. Wenn ein Dementer zu einer Tätigkeit aufgefordert werden soll, so sollte möglichst immer nur eine Information nach der anderen artikuliert werden. Vollkommen falsch und für den Kranken zutiefst frustrierend wäre es, zu sagen: „Bitte steh' auf, damit ich dich in das Badezimmer zum Waschen führen kann!" Mit diesem Satz kann der Kranke nichts anfangen. Ein Schritt muss nach dem anderen erfolgen. Auch Streitgespräche sollen unbedingt vermieden werden, denn auch wenn der Demente im Unrecht sein mag: Den Streit oder die Auseinandersetzung hat er binnen kürzester Zeit vergessen. Das schmerzliche, bedrückende Gefühl aber, das dadurch bei ihm ausgelöst wurde, bleibt bestehen, ohne dass er es zuordnen und für sich verständlich und erklärbar machen könnte.

Es ist erstaunlich, dass Demenzkranke selbst im fortgeschrittenen Stadium ihrer Krankheit überraschend positiv auf Erinnerungen, Gegenstände, Reime und Lieder aus ihrer Kindheit reagieren können. Diesen interessanten Umstand machte sich der Österreicher Prof. Erwin Böhm zunutze und entwickelte einen Therapieansatz, der auf Kindheitsemotionen setzt. Er rät, bereits in jungen Jahren ein sogenanntes Sozigramm zu erstellen, in dem man genau festhält, was einem als Kind und Jugendlichem Freude und Spaß bereitet hat. Diese Informationen können später, beim Auftreten einer Demenzerkrankung, dazu dienen, Kindheitserinnerungen wiederzuwecken und zu beleben. Dadurch kann die Krankheit an sich zwar nicht geheilt werden, aber im Kranken können starke Emotionen und Glücksgefühle geweckt werden, die ihn beleben und seinen Zustand erträglicher machen.

Wichtig ist es auch, in der räumlichen Umgebung eines Demenzkranken bestimmte Regeln zu beachten und zu befolgen: Jeder vertraute Gegenstand, der sich in der Nähe des Kranken befindet, kann ihm helfen, sich in seiner ohnehin schon so verzerrten und im wahrsten Sinne des Wortes „verrückten" Welt ein wenig sicherer und geborgener zu fühlen und zurechtzukommen. Auch ist auf gute Beleuchtung großer Wert zu legen, da Schatten nicht mehr als solche erkannt und eingeordnet werden können. Und nachdem das räumliche, dreidimensionale Sehen ebenfalls stark abnimmt und beeinträchtigt wird, ist es ratsam, auf starke Muster und abgesetzte Farben in Tapeten und Teppichen zu verzichten, da diese zu einer zusätzlichen Verwirrung und Orientierungslosigkeit führen können.

Etwa 8 bis 13 Prozent aller Menschen über 65 Jahren leiden unter einer Demenz. Bei den über 90-Jährigen sind es sogar 40 Prozent. Nach Schätzungen von Patientenverbänden leben in Deutschland weit über eine Million Menschen mit altersbedingten Hirnleistungsstörungen. Es wird davon ausgegangen, dass in Europa mindestens 5 Millionen Menschen unter einer Demenz leiden. Diese Zahlen werden noch weiter steigen, da der Anteil alter Menschen an der Gesamtbevölkerung zunimmt. Bereits heute sind Demenzen der häufigste Grund für eine Einweisung in ein Pflegeheim.

Seit ich meine Ausbildung zur Hospizhelferin gemacht habe, stelle ich immer öfter fest, wie zutiefst berührend es ist, wenn aus der Anonymität und dem Abstand, die das Studium „trockener" Berichte und Abhandlungen über Krankheitsbilder auszeichnen, plötzlich das Antlitz eines Menschen hervortritt, der von dem bloß verstandesmäßig Erfassten wirklich und wahrhaftig betroffen ist. Genauso ging es mir nun mit meiner kleinen Dame. Sie schaute immer noch vor sich hin und ihr Blick verlor sich an einem Ort, an den ich ihr nicht folgen konnte. Ich beugte mich vorsichtig zu ihr und fragte: „Ist es gut so?" Das Schweigen, das auf meine Frage folgte, war mir mittlerweile schon vertraut und so war ich beinahe ein wenig überrascht, dass sie mir relativ schnell mit ihrem typischen „Ja!" antwortete. Ich lehnte mich beruhigt zurück und genoss die Stille und die Ruhe, die uns beide auf irgendeine nicht zu beschreibende Art und Weise verband. Als es langsam Zeit wurde zu gehen, wollte ich sie nicht zu abrupt aus ihrer Versunkenheit reißen und ihr die Möglichkeit geben, sich auf den nahenden Aufbruch vorzubereiten. Also beugte ich mich wieder zu ihr und sagte laut und deutlich: „Wir müssen bald zurückgehen! Ist das in Ordnung?" Sie hätten mein überraschtes Gesicht sehen sollen, als sie für ihre Verhältnisse blitzschnell reagierte. „Nein!", erwiderte sie ziemlich laut und trotzig. Und dazu verzog sie ihr kleines Gesicht, wie ein Kind, dem man verbot, nochmals vom Nachtisch zu nehmen. Das Herz wurde mir ganz schwer bei ihrem Anblick und wenn es nach mir gegangen wäre, dann würden wir vielleicht noch heute friedlich schweigend im Garten sitzen.

Ich wusste, dass es keinen Sinn hatte, nun eine lange Diskussion mit ihr über die Gründe unserer Rückkehr anzufangen. Also sagte ich ganz ruhig, und versuchte all die Wärme, die ich in diesem Augenblick für sie empfand, in meine Stimme zu legen: „Ich bringe Sie nun zurück auf ihr Zimmer und ich komme ganz bald wieder." Was sollte die Arme schon tun? Sie konnte ja gar nichts tun. Bloß ihren Unmut, den konnte sie zum Ausdruck bringen. Und das tat sie auch, indem sie gar nichts mehr sagte und ein Meisterwerk an trotzigem, beleidigtem Gesichtsausdruck zustande brachte. An diesem Gesichtsausdruck änderte sich auch nichts, als wir auf ihrem Zimmer angekommen waren und ich sie behutsam aus ihrem Mantel schälte und sie wieder in ihren Lehnstuhl sank. Als ich mich verabschiedete und ihr nochmals versicherte, dass ich bald, sehr bald wiederkommen würde, da drehte sie ihren Kopf demonstrativ in die andere Richtung und würdigte mich keines Blickes. Ich widerstand dem mächtigen Wunsch, sie in diesem Augenblick zu umarmen und musste irgendwie liebevoll über ihr trotziges Verhalten schmunzeln.

Als ich sie das nächste Mal besuchte, war wieder schönes Wetter und meine kleine Dame war sehr schnell dazu bereit, nochmals einen Ausflug in den Garten mit mir zu unternehmen. Ich war glücklich, steuerte unseren Platz an und achtete darauf, möglichst alles so zu gestalten, wie beim letzten Mal.

Allerdings führte ich diesmal etwas im Schilde. Doch ich ließ uns beiden Zeit und beobachtete mit Freude, wie sie ihr Gesicht in die warme Frühlingssonne hielt und lautstark ein- und ausatmete. Es schien ihr gut zu gehen. Nach einer ganzen Weile war ich bereit, meinen Vorstoß zu wagen: „Singen Sie gerne?", fragte ich und war gespannt, wie ihre Reaktion wohl ausfallen würde. Ich traute meinen Augen nicht, als plötzlich ein Ruck durch ihren zerbrechlichen Körper ging, ein Leuchten aus ihrem Gesicht strahlte und sie laut und bestimmt sagte: „Ja!" „Allerhand", dachte ich bei mir und staunte. Dann fragte ich ganz gezielt: „Was ist Ihr Lieblingslied?" Und nun verging mir Hören und Sehen, als sie, anstelle einer Antwort, loslegte: „Hoch auf dem gelben Wa-a-gen, sitz' ich beim Schwager vorn ..." Ich war sprachlos. Sie sang, nein, sie schmetterte aus vollem Halse. Dies hätte ich niemals für möglich gehalten. Doch plötzlich hielt sie abrupt inne und schaute mich fordernd an. Ich verstand nicht ganz. Doch als sie „Mitsingen!" befahl, war mir klar, was sie wollte. Also gut, sagte ich mir, die Arme weiß nicht, worauf sie sich da einlässt, denn der Ruhm über meine Unmusikalität ist schon beinahe legendär. Zum Glück kannte ich zumindest das Lied. „... hurtig die Rosse tra-a-ben, lustig schme-e-ettert das Horn! Wiesen und Felder und Auen, leuchtendes Abendgold, ich möchte so gerne noch scha-a-auen, aaaber der Wagen, der rollt ..." Zwei-, nein, eigentlich mehrstimmig klang das Lied durch den Garten und voll Begeisterung brachten wir es zu Ende – und zwar alle Strophen! Ich fand uns großartig und scheinbar ging es meiner Dame ebenso, denn kaum hatte ich Atem geschöpft, erscholl schon ihr erneuter Befehl: „Nochmal!" Ich weiß nicht, wie oft hintereinander wir dieses zugegebenermaßen sehr stimmungsvolle, aber auf Dauer doch etwas ermüdende Lied geschmettert haben. Irgendwann, kurz bevor ich endgültig heiser wurde, versuchte ich, sie von einem „Repertoire-

wechsel" zu überzeugen. „Kennen Sie ‚Im Frühtau zu Berge' ...?" Sie blickte mich kurz strafend an und begann wieder
zu singen, „Hoch auf dem gelben Wa-a-gen ... Mitsingen!" Ich
resignierte. Als dieser musikalisch bereichernde und intensive Besuch zu Ende ging, reagierte sie genauso wie beim letzten Mal: Sie legte ihr Gesicht in vorwurfsvolle Falten und würdigte mich beim Abschied keines Blickes. Ich glaube fast, sie
mochte mich!

Die Musik- und Kunsttherapie spielt bei der Betreuung und
Begleitung schwerstkranker, altersschwacher und dementer
Patienten eine große Rolle. Da hier nichtsprachliches Geschehen im Mittelpunkt steht, können Patienten, die sich oftmals
nur noch schwer verständlich machen oder ausdrücken können, sich so einer „anderen" Art der Kommunikation bedie-
nen. Durch diese Therapie können Emotionen und Erinnerungen geweckt und hervorgeholt werden, die dem Patienten
das Gefühl von Geborgenheit und Vertrauen vermitteln. Auch
kann es für den Patienten sehr hilfreich sein, durch einfache
Zeichnungen seine unbewussten Gefühle, vor allem Ängste
und Wünsche, zum Ausdruck zu bringen. Für ein geschultes
Auge können solche Bilder äußerst aufschlussreich sein.
   Die bekannte Sterbeforscherin und Psychologin Dr. Elisabeth Kübler-Ross fand bei ihrer Arbeit heraus, dass die Bilder
Sterbenskranker sehr genau Auskunft über den Zustand des
Patienten geben. Ob er zum Beispiel über sein bevorstehen-
des Ende Bescheid weiß, ob er sich damit bereits auseinan-
dergesetzt hat oder ob er sich noch in einer Phase der Leug-
nung und des Zorns befindet. Selbst Kinder, denen man die
Wahrheit oftmals nicht zumuten möchte, aus Angst, sie wären damit überfordert, oder aus Angst, sie wären noch zu
klein, um überhaupt zu verstehen, was Sterben bedeutet, stellen mit ihren Zeichnungen und Bildern eindeutig unter Be-

weis, dass sie in ihrem tiefsten Innern instinktiv ganz genau wissen, was mit ihnen los ist, und bringen dies auch mit Hilfe der Kunsttherapie eindeutig zum Ausdruck. Für Menschen, die einen Schwerstkranken begleiten, kann das Entschlüsseln solcher Bilder sehr hilfreich sein, wenn es darum geht, Verständnis für die akute Situation und psychische Befindlichkeit des Patienten aufzubringen. Dr. Kübler-Ross meinte, wenn es mehr Psychologen, Psychiater und andere Ärzte gäbe, die ihre Patienten beim ersten Besuch ein solches „Seelenbild" anfertigen ließen, dann könnte kostbare Zeit gewonnen werden, die man sonst braucht, um herauszufinden, in welcher psychischen Verfassung der Patient ist. Eine Therapie kann schließlich erst nach diesem Feststellen des „Status quo" beginnen.

Auch die Musiktherapie erweist sich oftmals als sehr aufschlussreich und heilsam. Denken Sie nur an all die Töne, die wir selbst mit primitivsten Hilfsmitteln erzeugen können. Nichts ist wohl so dazu in der Lage, Stimmungen und Emotionen zum Ausdruck zu bringen, wie Töne. Ob man sie nun „Musik" nennen will oder nicht. Ich kann mir gut vorstellen, wie erleichternd es für einen Menschen, der sich verbal nicht mehr äußern kann oder will, sein muss, seine Gefühle mithilfe einer simplen Trommel auszudrücken, oder wie beruhigend ein steter Rhythmus wirken kann. Obendrein erlebt sich der Patient als aktiv, und dies alleine mag für einen Pflegebedürftigen schon heilsam sein. Zumindest für eine Weile.

Das Anhören von bestimmten Musikstücken kann eine ganze Fülle von Gefühlen und Stimmungen in uns wachrufen. Noch heute, als gestandene Frau, breche ich beinahe in Tränen aus, wenn ich alte Schnulzen-Songs aus meiner Jugendzeit höre. Sofort sind all die Gefühle, die ich damals hatte, wieder lebendig. Ich erinnere mich an Menschen, Situationen, ja sogar an Kleidungsstücke, die ich damals getragen habe.

Und ich fühle mich sofort in diese Zeit zurückversetzt, so als ob manche Lieder ein magisches „Beam-Potential" in sich tragen und uns über Raum und Zeit hinwegheben können. Solche bekannten und geliebten Lieder und Musikstücke sind auch für Schwerstkranke und Sterbende, ebenso wie für Demente, eine wahre Quelle an schönen Gefühlen und Erinnerungen, die sie ihr Leid, die Schmerzen und das grausame Gefühl der Orientierungslosigkeit und Verwirrtheit ein bisschen besser aushalten lassen. In der Hospizbegleitung werden solche Mittel gerne angewandt. Sie erleichtern dem Patienten das Dasein ein wenig und dies ist schließlich das Ziel der Hospizbewegung.

All diese Dinge zu wissen, gehört zur Ausbildung des Hospizhelfers. Als es für mich trotz meiner Bemühungen irgendwann schwierig wurde, die Besuche bei meiner kleinen Dame ausschließlich mit „Hoch-auf-dem-gelben-Wagen"-Schmetterns zu bestreiten, griff ich zur Möglichkeit des Malens. Mittlerweile hatte unsere Beziehung einen Grad des Vertrauens erreicht, der es mir erlaubte, auch einmal neue Wege zu beschreiten. Also machte ich mich bei einem meiner nächsten Besuche mit den besten, kinderfreundlichsten, optimalst-greif- und haltbaren Malstiften meiner Söhne auf den Weg. Nachdem wir das übliche Begrüßungs- und, wie ich insgeheim hoffte, Wiedererkennungs-Ritual absolviert hatten, kam der magische Augenblick, in dem sie mich erwartungsvoll anschaute. Ich wusste bereits, was jetzt folgte, nämlich die knapp formulierte Aufforderung „Singen!" Ich kam mir ein bisschen schäbig vor, aber meinem Selbsterhaltungstrieb Folge leistend antwortete ich diesmal energisch: „Nein! Malen!" Blankes Entsetzen und Unverständnis breiteten sich auf ihren Zügen aus und bevor sie noch ihr äußerst wirkungsvolles „Ich-bin-ein-einziger-Vorwurf-Gesicht" machen konnte, holte ich blitzschnell die bunten Stifte und einen Zeichenblock aus meiner Tasche hervor. Zu meinem Glück stockte sie in ihrem Vorhaben und inspizierte neugierig, was ich ihr da wohl mitgebracht hatte. „Möchten Sie malen?", fragte ich behutsam und breitete auf dem Tisch vor ihr den Zeichenblock aus. Die Stifte legte ich daneben. Lange Zeit saß sie einfach so da und schaute angestrengt auf die vor ihr liegenden Dinge. Ich hatte den Eindruck, dass sie sich mühte, einen Zusammenhang zwischen Papier, Stiften und vor allem sich selber herzustellen. Ich wartete und war gespannt, was wohl passieren würde. Nach einer langen, sehr langen Weile gab sie ihr vertrautes „Ja!" von sich und griff nach einem Stift. Sie drehte ihn in ihren Fingern hin und her und betrachtete ihn eingehend von allen Seiten. Schließlich setzte sie ihn auf das Papier und hielt unschlüssig inne. „Malen Sie, bitte", sagte ich und da zeichnete sie endlich eine kleine, kaum wahrnehmbare Linie auf das Papier. Erstaunt, beinahe überrascht begutachtete sie diese Linie und nach einer erneuten Weile fuhr sie fort, Linien zu zeichnen. Ich war so glücklich, dass ich die ganze Welt und vor allem meine kleine Dame hätte umarmen können. Zufrieden lehnte ich mich in meinem Stuhl zurück und sah ihr zu, wie sie, anfangs zögernd, dann aber immer sicherer werdend, malte. Ja, sie malte und nach einiger Zeit war auf dem Zeichenblatt ein Bild entstanden. Sie legte den Stift beiseite und versank zufrieden im Anblick ihres Werkes. „Ist das ein See?", fragte ich und sie nickte. „Er ist sehr schön, dieser See", gab ich anerkennend von mir und sie sagte „Ja"! und lächelte.

Und dann passierte etwas Schreckliches! Ich weiß nicht mehr, was mich damals geritten haben mag, vielleicht war es meine Riesenfreude darüber, dass meine Patientin nicht nur am Singen, sondern auch am Malen Freude hatte, die mich übermütig, also unbedacht werden ließ. Ich schnappte mir einen der Stifte und malte über dem See eine große, strahlende Sonne, die ich so wunderschön und ausdrucksstark fand, dass ich mitten in den See auch noch einen bunten, lächelnden Fisch platzierte. Ich war begeistert von unserem Gemeinschaftswerk und vor allem überzeugt, dass es meiner Co-Künstlerin ebenso erging. Stolz wandte ich mich an sie und fragte: „Und, wie gefällt Ihnen das Bild jetzt?" Entgeistert starrte sie auf ihren See, der nun nicht mehr „ihr" See war, und meinte bloß: „Scheußlich! Jetzt ist es kaputt!" Das saß! Als ich mich an diesem Tag von ihr verabschiedete, war ich mir nicht mehr sicher, ob sie mich noch mochte.

Wieder einmal hatte ich es nicht geschafft, mich zurückzunehmen und den Patienten an erster Stelle stehen zu lassen. Wieder einmal ärgerte ich mich ganz schrecklich über mich selbst und schwor mir, dass mir ein solcher Fehler nie wieder passieren sollte! Es konnte doch nicht so schwer sein, die Gefühle, die Eigenständigkeit eines anderen Menschen zu achten. Wieso hatte ich diese völlig überflüssige Sonne und den grinsenden Fisch malen müssen? Das hatte nichts mit meiner Dame zu tun! Das war bloß mein überschäumendes Ego, das wieder einmal etwas „schöner" machen wollte, und es war bloß mein Blickwinkel, aus dem heraus betrachtet das Bild noch nicht „vollkommen" war! Dabei hatte ich übersehen, dass dieses Bild für meine Dame bereits perfekt war. Eben weil es ihr Bild war, das sie schön fand und auf das sie stolz war! Und ich hatte es zerstört! Ich hätte mich ohrfeigen können.

Für einen kurzen Augenblick schoss mir durch den Kopf, dass es ja vielleicht auch sein Gutes hätte, dass sie so dement war. Bestimmt hatte sie die ganze Angelegenheit bereits vergessen! Ich schämte mich für einen solchen Gedanken, umso mehr, da ich ja wusste, dass sie vielleicht das mutwillig von mir zerstörte Bild vergessen haben mochte, ganz bestimmt aber nicht das unangenehme, wahrscheinlich traurige Gefühl, das ich bei ihr verursacht hatte.

Meine Hospizhelfer-Ausbildung neigte sich nun dem Ende zu. Ich muss gestehen, dass ich stolz auf mich war. Ich stand im Begriff, etwas zu Ende zu bringen, das ich angefangen hatte (was nicht immer selbstverständlich für mich ist). Ich hatte, in meinen Augen zumindest, unglaublich viel gelernt, hatte den Mut aufgebracht, mich auf etwas völlig Neues einzulassen, und konnte feststellen, und das fand ich wirklich bemerkenswert, dass ich von all dem Neuen, dem ich mich geöffnet hatte, auf nie geahnte Art und Weise profitierte. Es war gut und richtig gewesen, dem Alter und dem Tod vor Yoga und Ikebana den Vorzug zu geben. Zumindest für mich!

5. Warum wir lernen müssen, den Tod als Teil des Lebens zu sehen

*Dann sprach Almitra und sagte: Wir möchten nun nach
dem Tod fragen.*
Und er sagte:
Ihr werdet das Geheimnis des Todes erkennen.
Aber wie wollt ihr es finden,
wenn ihr es nicht sucht im Herzen des Lebens?
*Die Eule, die nur bei Nacht sieht und deren Augen am Tage
blind sind,*
kann das Mysterium des Lichts nicht enthüllen.
Wenn ihr den Geist des Todes tatsächlich schauen wollt,
dann öffnet euer Herz dem Körper des Lebens ganz.
Denn Tod und Leben sind eins,
genau wie der Fluss und das Meer eins sind.
(aus Khalil Gibran, Der Prophet)

Es ist ja nun absolut menschlich und natürlich, dass wir,
wenn wir uns mit einer bestimmten Thematik intensiv auseinandersetzen, dazu tendieren, uns über diese Thematik
auch mit anderen Menschen austauschen zu wollen. Ich bil-
de da keine Ausnahme und so wie ich früher über Babywin-
deln, Kinderkrankheiten, Modeneuheiten, Bestseller, Koch-
rezepte und vieles mehr gesprochen hatte, war es mir nun
ein Anliegen, mich über meine Hospiz-Erfahrungen auszutauschen. Leider stellte sich dieser Austausch als ziemlich
einseitig heraus, denn irgendwie sprang auf dieses Thema
keiner so richtig an. Zwar wurde mir signalisiert, dass das gewiss alles sehr wichtig und auch sehr interessant sei, aber zu
sehr viel mehr reichte es, bis auf einige wenige Ausnahmen,

nicht. Ich hatte in der Zwischenzeit nicht nur gelernt, besser zuzuhören, sondern ich hatte auch gelernt, mich zurückzunehmen, wenn es mir angemessen erschien. Also drängte ich mich nicht auf und machte es mir zur Gewohnheit, über meine Erfahrungen und Gedanken nur dann zu sprechen, wenn ich wirklich gezielt danach gefragt wurde. Obendrein war ich ehrlich genug, mich daran zu erinnern, dass das Thema Tod und Sterben, für mich bis vor Kurzem schließlich auch kein Thema gewesen war. Und dennoch ...

Immer größer wurde meine innere Überzeugung, dass es wirklich für jeden Menschen von immenser Wichtigkeit ist, sich mit dem Gedanken anzufreunden, dass auch er eines Tages sterben wird. Und glauben Sie mir, so wie sich unsere Gesellschaft entwickelt, ist es eine Tatsache, dass in Deutschland bald viel, viel mehr alte und kranke Menschen als junge Berufstätige leben und vor allem auch sterben werden. Und ebenso ist es eine Tatsache, dass unsere Gesellschaft Gefahr läuft, sich in ihrer blinden „Verstandes-Sucht", die sich ausschließlich in den Dienst von Profit und Macht stellt, selbst zu entmenschlichen. Doch wir bekommen die Rechnung, Sie genauso wie ich. Spätestens dann, wenn wir im Sterben liegen. Und wenn es mit unserer Gesellschaft so weitergeht, dann wird dies höchstwahrscheinlich mutterseelenallein in einer Abstellkammer eines Krankenhauses sein. Niemand wird bei uns sein, keiner wird unsere Hand halten, weil das Pflegepersonal bereits heute keine Zeit mehr für eine solche Art der Pflege hat. Weil „Handhalten" keine lebensnotwendige Versorgung darstellt. Wahrscheinlich werden wir mit viel zu hohen Dosen von Morphium und anderen Schmerz- und Beruhigungsmitteln vollgepumpt sein, damit wir ruhiggestellt sind. Und wenn wir Glück haben, kommt vielleicht alle paar Stunden jemand vorbei, um nachzusehen, ob wir immer noch am Leben sind ... (Sie wissen ja, wegen des

Platzmangels ...). An dieser Stelle möchte ich nochmals betonen, dass dies nicht die Schuld des Pflegepersonals oder der Ärzte ist, sondern Folge der misslichen Situation unseres Gesundheitswesens.

Bitte glauben Sie nicht, dass ich übertreibe. Auf solche Art und Weise sterben tagtäglich Menschen, und zwar nicht in Afrika oder Ozeanien, sondern hier bei uns, sozusagen nebenan, vor unserer Haustüre, in diesem Augenblick. Bloß haben diese Menschen keine Möglichkeit mehr, davon zu berichten, wie unmenschlich und entwürdigend es ist, so im Stich gelassen sterben zu müssen. Das wäre auch nicht ihre Aufgabe, es wäre und es ist unsere Aufgabe, dafür Sorge zu tragen, dass keiner unter solch entwürdigenden Umständen die vielleicht schwersten und schlimmsten Stunden seines Lebens verbringen muss.

Ich habe gelernt, die Einstellungen und Meinungen anderer Menschen zu akzeptieren, aber das heißt noch lange nicht, dass ich diese auch gutheiße und teile. Es mag sein, dass unser Unterbewusstsein nicht in der Lage ist, die Möglichkeit des eigenen Todes zu erfassen. Aber ich will diesen Umstand, über den noch dazu nicht unbedingt alle Menschen Bescheid wissen, nicht als Entschuldigung dafür nehmen, dass der Tod in unserer Gesellschaft einfach tabu ist.

Gewöhnlich verstehen wir unter einem Tabuthema ein Thema, das nicht oder nur eingeschränkt in der Öffentlichkeit diskutiert wird. Oft handelt es sich dabei um Gebiete, die wunde Punkte einer Gesellschaft berühren. Und natürlich ist es meist so, dass das Tabu in dem Maße Macht über den Einzelnen erhält, wie die Mitglieder der Gesellschaft sich an der Ausgrenzung des Themas beteiligen. Tabuthemen sind, wie wir wohl alle schon einmal gespürt haben, meist emotional stark aufgeladen und ihre direkte Erwähnung löst bei vielen Menschen eine innere Anspannung aus.

Diese Kriterien treffen alle auf das Thema Sterben zu und zeigen so sehr deutlich den Platz, den wir ihm in unserer Gesellschaft einräumen: Der Tod ist ein absolutes Tabu und wenn in früheren Zeiten die Verletzung eines Tabus mit Verachtung und Ausschluss aus der Gemeinschaft, ja sogar mit dem Tod geahndet und bestraft wurde, dann kann ich jetzt auch nachvollziehen, warum keiner mit mir über dieses Thema reden will. Doch genau das sollten wir tun.

Es ist höchste, ja allerhöchste Zeit, den Tod als Realität anzuerkennen und mit ihm Freundschaft zu schließen. Dies zeigt auch das folgende Gedicht:

Als der Tod zu mir kam
und meinte
dass es an der Zeit sei
mit ihm zu gehen
da blickte ich ihm ins Angesicht
und sagte:
Ich kenne dich nicht.
Der Tod lächelte
leise und wissend
und erwiderte:
Seit dem Tag deiner Geburt
begleite ich dich
und jeder deiner Atemzüge
trägt meinen Namen.
Alles, was du jemals getan hast,
das hast du in meinem
und im Namen des Lebens getan.
Das Leben,
das kenne und liebe ich.
Aber dich will ich nicht kennen
und dich kann ich nicht lieben,

trotzte ich auf.
Das Leben und ich sind Geschwister.
untrennbar miteinander vereint.
Du kannst das eine
nicht ohne das andere haben.
Ein Leben lang hattest du Zeit,
mich zu erkennen,
und Frieden mit mir zu schließen
Ein Leben lang hattest du Zeit,
dich zu erkennen,
und Frieden mit dir zu schließen.
Jetzt ist es zu spät.
Und den Tod kümmerte es nicht,
dass ich weinte und schrie.
Den Tod kümmerte es nicht,
dass ich zitterte und bangte.
Er nahm mich einfach mit sich fort.
(Diana Gräfin zu Waldburg-Zeil)

In der Politik heißt es, dass das „bürgerschaftliche Ehrenamt" der Kitt sei, der die Lücken schließt, die in einem staatlichen Gefüge klaffen. Was aber passiert, wenn aus Lücken Löcher werden und nicht ausreichend „bürgerschaftlicher Kitt" zur Verfügung steht, diese zu stopfen? Droht das staatliche Gefüge dann auseinanderzubrechen? Vermutlich ja, wenn nicht etwas passiert. Es gibt zwei Möglichkeiten: Entweder muss der Staat vermeiden, dass es überhaupt Lücken in seinem System gibt, oder die Anzahl der ehrenamtlichen Bürger muss rapide ansteigen. Wenn aber weder das eine noch das andere eintritt, dann sieht es schlecht aus. Es ist leider eine traurige Wahrheit, dass es nicht nur zu wenig bis gar kein Geld für das Gesundheits- und Pflegewesen gibt, es gibt auch zu wenig Menschen, die einen pflegenden Beruf ausüben. Und in Zukunft wird es noch weniger Geld, noch weniger Pflegekräfte und dafür ungleich mehr Alte, Kranke und Sterbende geben!

Ich weiß nicht, wer sich dann dieser Menschen annehmen wird. Welches der statistischen 1 ½ Kinder, die auf zwei Elternteile kommen, wird die Pflege dieser Eltern übernehmen? Und wer wird sich um diejenigen kümmern, die gar keine Kinder haben, nicht einmal ein halbes, statistisch gesehen?

Es ist durchaus anzunehmen, dass auch bei uns bald ähnliche Zustände im Gesundheitswesen herrschen werden wie in Amerika, wo eine Knieprothese oder eine Chemotherapie zum Beispiel nur bis zu einer gewissen Altersgrenze finanziert wird, weil ein solcher Aufwand sich jenseits dieser von Gesunden festgelegten Altersgrenze einfach nicht mehr auszahlt.

Ich bin ehrlich: Auch ich habe keine Lösung parat. Aber ich bin von der dringenden Notwendigkeit der Hospizbewegung zutiefst überzeugt, je klarer und je bewusster ich die Zusammenhänge und den tatsächlichen Sachverhalt erkenne und verstehe. Mir ist mittlerweile klargeworden, dass es einfach zu billig und auch zu kurzsichtig ist, die sogenannten Verantwortlichen zur Rechenschaft ziehen zu wollen und die Lösung dieses Problems ausschließlich auf diese abzuwälzen. Denn die Verantwortlichen, so unbequem das auch sein mag, sind wir selber. Nur wenn wir dies erkennen und anfangen, diesem Erkennen Rechnung zu tragen, dann wird es vielleicht möglich, die bereits ins Tal stürzende Lawine wenn schon nicht aufzuhalten, so aber vielleicht doch umzuleiten. Es ist an der Zeit, dass wir uns nicht mehr vertrauensdusselig in die Arme von „Vater Staat" schmiegen, die Augen schließen und uns in den Glauben einlullen, den ein österreichischer Kabarettist mit den Worten „Der

Papa wird's schon richten. Das gehört zu seinen Pflichten"
beschrieb. Denn Vater Staat ist restlos überfordert und mindestens so hilflos wie wir. Unsere Gesellschaft hat sich selbst
in eine Situation hineinmanövriert, aus der sie so leicht
nicht wieder herauskommen wird. Es gibt in diesem Sinne
auch keinen Weg zurück. Es kann bloß ein Umdenken statt-
finden, ein Erkennen und Bewusstmachen der Tatsachen.
Und erst darauf basierend kann sich dann etwas verändern.
Doch dies ist nur möglich, wenn der Einzelne bei sich selber
anfängt. Aus eigener Erfahrung weiß ich, dass Veränderung
unangenehm und mühselig ist. Ich habe dennoch die feste
Hoffnung, dass dies möglich ist, vorausgesetzt, wir wachen
endlich auf.

Die Tatsache, dass meine Ausbildung sich ihrem Ende neigte,
brachte mit sich, dass wir, die Kursteilnehmer, die Besuche
bei unseren Pfleglingen langsam einstellen sollten. Denn es
gehört auch zur Begleitung eines Sterbenden, Abschied nehmen zu können und loszulassen. Es wäre naiv anzunehmen,
dass mit dem Tod eines Menschen, den man über längere
Zeit betreut hat, auch die aufgebaute Beziehung zu Ende
geht. Denn wenn ein Mensch einem Sterbenden im Sinne
der Hospizbewegung beisteht und ihn begleitet, dann ent-
steht meist eine tiefe menschliche Beziehung zu dem Sterbenden. Ein Mensch, der im Sterben liegt, ist nicht mit ge-
wöhnlichen Maßstäben zu messen. Der Tod, dem dieser
Mensch entgegensieht, hebt ihn und die Menschen, die ihm
nahe sind, aus der Normalität heraus. Im Angesicht des Todes werden wir in eine andere Dimension versetzt. Hier herrschen andere Gesetze und selbst die Zeit folgt hier ihrem eigenen Rhythmus. So ist es nur natürlich, dass auch die
menschlichen Beziehungen, die in diesem Raum entstehen
und wachsen, etwas Besonderes sind. Abschiednehmen ist

immer schwer und wenn es sich dann noch um eine solche intensive und tiefe Beziehung handelt, wie sie zwischen einem Sterbenden und seinem Begleiter entstehen kann, dann fällt der Abschied umso schwerer.

Auch Abschiednehmen will gelernt sein. Nachdem wir unsere Patienten in den Altersheimen und Krankenhäusern nicht einfach „sterben" lassen konnten, mussten wir auf die Art und Weise Abschied nehmen, dass wir sie schlicht und ergreifend nicht mehr besuchten. Schon wieder so eine Herausforderung! Schon der Gedanke, meine kleine Dame nicht mehr zu sehen und ihr charakteristisches „Ja!" zu hören, machte mich zutiefst traurig. Und so gestaltete sich mein Abschied-Nehmen-Lernen zunächst in der Form, dass ich sie nun umso öfter besuchte. Bei jedem meiner Besuche nahm ich mir fest vor, dass dies das letzte Mal sein sollte, doch jedes Mal, wenn ich mich verabschiedete und sie ihr Gesicht in seine klassischen Vorwurfs-Falten legte, konnte ich nicht anders, als ihr zu versprechen, dass ich schon bald wiederkommen würde. Kaum war ich aber außer Reichweite des Altersheims, packte mich das schlechte Gewissen, dass ich meine Hausaufgaben so sträflich vernachlässigte. Um dies wieder gutzumachen, besuchte ich die alte Dame möglichst rasch wieder, um mich erneut dabei zu ertappen, dass ich es einfach nicht schaffte, mich endgültig von ihr zu verabschieden. Es war ein echter Teufelskreis. Andererseits bescherte mir dieser Teufelskreis ein unvergessliches Erlebnis:

Als ich eines Tages zu einem meiner unzähligen Abschiedsbesuche eintraf, war die alte Dame in hellster Aufregung, denn es gab auf der Station einen Geburtstag zu feiern. Also verzichteten wir auf unser übliches Singen, Malen, Schweigen und Ausflugsprogramm und ich begleitete sie in den Gemeinschaftsraum, wo sich bereits ein geselliges Grüppchen zusammengefunden hatte, dessen Durchschnittsalter so ungefähr bei 94 ½ lag – mich nicht eingerechnet. In dem liebevoll geschmückten Raum war eine Art Stuhlkreis aufgestellt, in dem die munteren Alten nach und nach Platz nahmen. Ich führte meine kleine Dame zu einem noch leeren Stuhl, auf dem sie sich würdevoll niederließ. Ich selbst stellte mich hinter sie und harrte gespannt der Dinge, die da kommen mochten.

Als die Runde vollzählig war, übernahm eine der Krankenschwestern die Moderation und forderte die Patienten auf, der Reihe nach ihren Namen zu nennen. Dies schien eine Art Aufwärmrunde zu sein. Einer nach dem anderen nannte mehr oder weniger verständlich seinen Namen. Als die Reihe an uns gekommen war, bellte meine kleine Dame ein „Weiß' nicht!" in die Gruppe. Die anderen schienen nicht wirklich überrascht und begannen nun ein fröhliches Rätselraten: „Vielleicht heißt du ja Amalia?", meinte eine rundliche Frau freundlich. „Weiß' nicht!", war die Antwort. „Na dann heißen Sie sicher Marie", schlug eine andere vor. „Weiß' nicht!", konterte meine kleine Dame wie aus der Pistole geschossen. Das konnte ja heiter werden! Ich kam mir vor wie bei einer Rumpelstilzchen-Parodie. Immer mehr Namensvorschläge prasselten auf uns herein, die zunehmend fröhlich mit einem „Weiß' nicht" abgetan wurden. Die allgemeine Zuwendung und das Interesse an ihrer Person schienen meine Patientin glücklich zu machen. Und auch alle anderen schienen Freude an dem heiteren Ratespiel zu haben. Irgendwann aber, als es zu turbulent wurde, schritt Schwester Moderatorin ein und stellte eine neue Aufgabe. Nun galt es, einander sein Sternzeichen mitzuteilen. Diesmal machte auch meine Patientin brav mit und zögerte nicht, sich als Wassermann zu erkennen zu geben. Ein Sternzeichen nach dem anderen wurde genannt und irgendwann kam die Reihe an eine sehr alte Dame, die sich zögerlich als Jungfrau bekannte. Nach einem kurzen Augenblick des Schweigens meinte eine alte Frau: „Sie Arme, immer noch?" Die Gruppe brach in schallendes Gelächter aus. Niemals werde ich diese Geburtstagsparty vergessen. Noch heute muss ich lachen, wenn ich daran zurückdenke.

Irgendwann schaffte ich es auch, mich von meiner kleinen Dame zu verabschieden. Endgültig, sozusagen. Es war schrecklich und ich gestehe, dass ich bittere Tränen um sie, um mich und um unsere gemeinsam verbrachten Stunden weinte. Irgendwie aber gelang es mir, unsere Beziehung zu beenden und loszulassen. Allerdings, und das weiß bis heute niemand, gelang mir dies erst zu einem sehr viel späteren Zeitpunkt. Alle anderen Hospizhelfer hatten ihre Patienten bereits losgelassen, den einen war es leichter, den anderen schwerer gefallen. Wenn es darum ging, über unsere Abschiedserfahrungen zu berichten und über unsere damit verbundenen Gefühle, hielt ich mich, wie meistens, unauffällig im Hintergrund und schwieg. Ich konnte ja niemandem sagen, dass meine Beziehung noch sehr lebendig und aktiv war. Dennoch hörte ich aufmerksam zu und bewunderte die anderen, die so viel mutiger und entschlossener waren als ich.

Unsere Ausbildung ging zu Ende. Ich verabschiedete mich von den Menschen, mit denen mich eine große und wichtige Erfahrung verband. Ich verabschiedete mich von unserer Kursleiterin und von der Zeit, die wir gemeinsam verbracht hatten. All dies gelang mir ganz gut, doch mich von meiner kleinen, alten Dame zu verabschieden, das hatte ich noch immer nicht geschafft. Lange, sehr lange Zeit noch fuhr ich regelmäßig zu ihr ins Altersheim. Es tat weh, sie einfach so loszulassen. Wir hatten uns schließlich miteinander vertraut gemacht! Um es mit den Worten Saint-Exupérys zu sagen: Wir hatten einander gezähmt.

Als die Stunde des Abschieds nahe war, sagt der Fuchs: „Ach, ich werde weinen!" „Das ist deine Schuld", erwidert der kleine Prinz, „ich wünschte dir nichts Übles, aber du hast gewollt, dass ich dich zähme ...". „Gewiss", sagt der Fuchs. „Aber nun wirst du weinen", antwortet der kleine Prinz. „Bestimmt", sagt der Fuchs. „So hast du also nichts gewonnen!" „Ich habe", sagt der Fuchs, „die Farbe des Weizens, die der Farbe deiner Haare gleicht, gewonnen. Da sagt der kleine Prinz: „Adieu" ... „Adieu", erwidert der Fuchs. „Hier ist mein Geheimnis, das ich dir schenke. Es ist ganz einfach: Man sieht nur mit dem Herzen gut. Das Wesentliche ist für die Augen unsichtbar." „Das Wesentliche ist für die Augen unsichtbar ...", wiederholt der kleine Prinz für sich, um es sich zu merken ...

In diesen so einfach klingenden Worten Saint-Exupérys liegt für mein Empfinden eine große Wahrheit. Ich bin von der Bedeutung der Worte „das Wesentliche ist für die Augen unsichtbar" zutiefst überzeugt. Denn für mein Verständnis sind es unsere Gedanken, Einstellungen, Gefühle, also all das, was man nicht sehen kann, die unser Tun im Außen bewirken und beeinflussen. Und auch, dass „man nur mit dem Herzen gut sieht", ist für mich zu einer unumstößlichen Wahrheit geworden.

Nur wer mit dem Herzen sieht, wird in der Lage sein, die wahre Schönheit eines Menschen zu erkennen. Jedem Menschen wohnt eine solche Schönheit inne, nur ist sie oftmals verdeckt und versteckt. Gerade Sterbende und Schwerstkranke sind darauf angewiesen, dass wir sie mit dem Herzen sehen. Denn meist ist das, was wir an diesen Menschen mit dem bloßen Auge sehen können, von Schönheit im herkömmlichen Sinne weit entfernt. Diese Menschen sind oft in einer sehr schlechten körperlichen Verfassung, sie sind von ihrer Krankheit und von ihren Schmerzen gezeichnet und ihr Anblick ist meist nur schwer auszuhalten. Es ist nicht leicht, hinter einer solchen Fassade die innere Schönheit eines Menschen zu sehen. Nur mit unserem Herzen werden wir diese Schönheit erkennen können und nur auf diesem Weg wird sie für uns sichtbar werden.

6. Menschlich sterben

Wenn ich hier schreibe, dass jeder Mensch eine innere Schönheit hat, so nähere ich mich damit dem Begriff der Menschenwürde, die die Hospizbewegung bis zum Tod schützen und bewahren will.

Säßen Sie mir in diesem Augenblick gegenüber, so würde ich Sie nun bitten, mir innerhalb einer Minute den Begriff „Würde" zu erklären. Sollte Ihnen das in dieser kurzen Zeit überzeugend gelingen, so wäre ich nicht nur sehr beeindruckt, sondern obendrein auch noch sehr dankbar! Seit ich selbst über „Würde" nachdenke, habe ich es mir zur Angewohnheit gemacht, vielen Menschen, mit denen ich ins Gespräch komme, diese Frage zu stellen. Die Reaktionen und die Versuche, eine Antwort auf diese Frage zu geben, sind äußerst vielseitig. Sie reichen von vielsagendem und vor allem lang andauerndem Schweigen bis zu mehrstündigen Diskursen. Das empfinde ich bei einem Begriff, der in unserem persönlichen wie auch öffentlichen Leben einen so hohen Stellenwert einnimmt, irgendwie beschämend und unbefriedigend.

Das Wort „Würde" stammt vom althochdeutschen Wort „wirdî" und bezeichnet in seinem Ursprung den Rang, die Ehre, das Verdienst oder das Ansehen eines Menschen. Friedrich Schiller sieht in der Würde den Ausdruck einer „erhabenen Gesinnung" und vertritt die Meinung, dass Würde dann entstehe, wenn sich der Wille des Menschen über seinen Naturtrieb erhebe: „Beherrschung der Triebe durch die moralische Kraft ist Geistfreiheit, und Würde heißt ihr Ausdruck in der Erscheinung".

Im allgemeinen Verständnis stimmen wir wohl darin überein, dass der Begriff der Menschenwürde die Idee ausdrückt, dass jeder Mensch durch seine bloße Existenz eine schützenswerten Wert besitzt. Nur unter dieser Bedingung leben wir auch in einem gleichberechtigten und freiheitlichen Gemeinwesen. Was die Menschenwürde aber gerade bei ethisch strittigen Fragen des Lebensbeginns und des Lebensendes meint, wird aber je nach Weltanschauung ganz unterschiedlich beantwortet.

Der Philosoph Immanuel Kant hat in seiner „Grundlegung zur Metaphysik der Sitten" die Achtungswürdigkeit und die Menschenwürde an sich im weitesten Sinne definiert. Für ihn (und auch mir erscheint dies einleuchtend) besteht das Grundprinzip der Menschenwürde in folgenden Grundsätzen:

♦ Achtung vor dem anderen
♦ Anerkenntnis seines Rechts zu existieren und
♦ Anerkenntnis einer prinzipiellen Gleichwertigkeit aller Menschen

Weiter geht Kant davon aus, dass der Mensch ein „Zweck" an sich sei und demnach nicht einem ihm fremden Zweck unterworfen werden darf. Das heißt, wenn ein Mensch einen anderen bloß als Mittel für seine eigenen Zwecke benutzt, etwa durch Sklaverei, Unterdrückung oder Betrug, verletzt er dadurch die Menschenwürde. Kant sagt: „Der Mensch ehrt die Würde der Menschheit in seiner eigenen Person, hat Anspruch darauf, dass die Menschheit in seiner Person die Achtung der anderen Menschen erfährt, und ist seinerseits dazu verpflichtet, die Menschheit im Nächsten zu achten, eine prinzipiell gebotene Achtung des anderen Menschen, unabhängig von der Hochachtung, die bestimmte Menschen wegen ihrer Handlungen, ihrer Stellung usw. genießen." Die Würde ist nach Kant dem Menschen prinzipiell innewohnend, ganz unabhängig von seinen sonstigen, zum Beispiel charakterlichen oder intellektuellen Eigenschaften und Fähigkeiten, erst recht von äußerlichen Merkmalen, wie sozialer Stellung oder Ähnlichem.

Aus religiöser Perspektive kann der Begriff „Menschenwürde" vom Gedanken der Gottesebenbildlichkeit und der daraus folgenden fundamentalen Gleichheit aller Menschen vor Gott abgeleitet werden. Der antiken Philosophie und dem Christentum entstammt der Gedanke der Brüderlichkeit, der Aufklärung indes die Idee der Verankerung der Menschenwürde in der Freiheit und Gleichheit aller Menschen.

Die Geschichte der Menschenwürde ist lang. Sich mit ihr zu beschäftigen, lohnt sich auf alle Fälle:

Bereits die Unabhängigkeitserklärung der Vereinigten Staaten vom 4. Juli 1776 spricht von „gewissen, unveräußerlichen Rechten, wie dem auf Leben, Freiheit und dem Streben nach Glück", die indirekt den Begriff der Menschenwürde voraussetzen. Dreizehn Jahre später, am 26. August 1789, wird in der Französischen Erklärung der Menschen- und Bürgerrechte festgehalten, „dass alle Menschen frei und gleich an Würde und Rechten geboren sind ...". Die Allgemeine Erklärung der Menschenrechte vom 10. Dezember 1948 besagt dasselbe, allerdings ergänzt durch den Zusatz, „dass alle Menschen mit Vernunft und Gewissen begabt sind und einander im Geiste der Brüderlichkeit begegnen sollen".

Die Achtung vor der Menschenwürde durch den Staat und seine Vertreter ist auch in Artikel 1, Absatz 1 des deutschen Grundgesetzes festgeschrieben:

„Die Würde des Menschen ist unantastbar. Sie zu achten und zu schützen ist Verpflichtung aller staatlichen Gewalt."

Obendrein ist die Menschenwürde als oberster Wert des Grundgesetzes zu verstehen. Das Bundesverfassungsgericht definiert sie folgendermaßen:

„Es ist damit jener Wert- und Achtungsanspruch gemeint, der dem Menschen kraft seines Menschseins zukommt, unabhängig von seinen Eigenschaften, seinem körperlichen oder geistigen Zustand, seinen Leistungen oder seinem sozialen Status. Der Staat bezieht nach der Ordnung des Grundgesetzes seine Legitimation allein daraus, dass er dem Menschen konkret dient."

Aus all diesen Definitionen lässt sich der Schluss ziehen, dass Würde angeboren ist und somit nicht erworben und auch nicht verloren werden kann. Dennoch kann die Würde „verletzt" werden und wir alle kennen die Redewendung, die besagt, dass man „seine Würde verlieren" kann. Es ist wirklich ziemlich kompliziert. Und irgendwie ist meine Frage, was Würde wirklich bedeutet, damit immer noch nicht beantwortet, wenn ich auch etwas beruhigt bin, dass ich mit meiner Hilflosigkeit nicht alleine dastehe.

Giovanni Pico della Mirandola, ein Philosoph der Renaissance, der den Begriff der Würde des Menschen als erster formulierte, definiert Würde, indem er den Schöpfer zu Adam sagen lässt: „Keinen bestimmten Platz habe ich dir zugewiesen, auch keine bestimmte äußere Erscheinung und auch nicht irgendeine besondere Gabe habe ich dir verliehen, Adam, damit du den Platz, das Aussehen und alle Gaben, die du dir selber wünschst, nach deinem eigenen Willen und Entschluss erhalten und besitzen kannst. Die fest umrissene Natur der übrigen Geschöpfe entfaltet sich nur innerhalb der von mir vorgeschriebenen Gesetze. Du wirst von allen Einschränkungen frei, nach deinem eigenen freien Willen, dem ich dich überlassen habe, dir selbst deine Natur bestimmen!" Somit macht nach Pico della Mirandola die Selbstbestimmung die Würde des Menschen aus.

Es ist interessant, dass die menschliche Würde uns so sehr beschäftigt und scheinbar einen so hohen Stellenwert in unserer Vorstellung einnimmt, dass sie sogar zum Inhalt und zum Gegenstand von Gesetzen und Verfassungen gemacht wird. Menschsein und Würde sind offenbar untrennbar miteinander verbunden. Wahres Menschsein scheint ohne Würde vielmehr gar nicht möglich. Und dennoch gelingt es nicht, das Wesen der Würde in Worte zu kleiden.

Nachdem ich schließlich eingesehen habe, dass es offenbar unmöglich ist, Würde einigermaßen allgemeingültig zu definieren, bin ich schließlich der bei della Mirandola so anschaulich geschilderten Selbstbestimmung gefolgt und habe für mich zu bestimmen versucht, was Würde für mich bedeutet.

Es hat eine ganze Weile gedauert, aber es ist mir tatsächlich gelungen, eine für mich stimmige Definition für den Begriff „Würde" zu finden. Allerdings ist es weniger eine Definition, als vielmehr ein „Bild", denn ich bin bei dem Versuch einer Definition meinem Gefühl gefolgt. Ich denke, dass in vielen von uns ein vages Gefühl, ein diffuses Empfinden aufsteigt, wenn wir uns das Wort „Würde" auf unserer „geistigen Zunge" zergehen lassen. Mir geht es jedenfalls so. Ich habe den Eindruck zu fühlen, was Würde bedeutet, aber ich bin nicht in der Lage, dieses Gefühl in eine sachliche Definition zu pressen, weil mir einfach die passenden „Verstandesworte" dafür fehlen. Oder weil Würde, so wie ich sie empfinde, vielleicht gar nicht mit dem Verstand zu erfassen und zu erklären ist.

Für mich ist es stimmig, bloß ein Bild sprechen zu lassen. Ich möchte dieses Bild für Sie lebendig werden lassen. Versuchen Sie bitte, sich ein Samenkorn vorzustellen, und vertie-

fen Sie sich in das Wesen dieses Samenkornes. Ein Samenkorn ist augenscheinlich nichts Besonderes. Es gibt Milliar-
den davon. All diese Samenkörner gleichen einander und
sind doch voneinander vollkommen verschieden. Es gibt Samenkörner der einen und es gibt Samenkörner der anderen
Sorte. Sie unterscheiden sich in ihrer Größe, Farbe und Form.
Und dennoch ist allen Samenkörnern eines gemein: Jedes
einzelne Samenkorn trägt in sich die Veranlagung, zu einer
perfekten und vollkommenen Pflanze heranzuwachsen.
Jedem Samenkorn wohnt sozusagen die Information inne,
die es benötigt, um sich optimal zu entfalten und um das zu
werden, was es zu sein bestimmt ist: eine Pflanze! Diese Veranlagung, diese Information hat sich das Samenkorn nicht erworben, sie ist ihm innewohnend und kann auch nicht aus-
gelöscht werden. Diese Veranlagung ist auch nicht bei dem
einen Samenkorn so und bei dem anderen so ausgerichtet.
Sie ist bei jedem Samenkorn einer Gattung vollkommen
gleich, unveränderbar und nicht austauschbar.

Nun kommt es aber vor, dass sich manche Samenkörner,
obwohl sie diese vollkommene Veranlagung in sich tragen,
nicht so entwickeln, wie es ihre Veranlagung eigentlich für
sie vorgesehen hat. Es kann vorkommen, dass ein Samenkorn auf unfruchtbaren Boden fällt und gar nicht erst zum
Wachsen kommt. Es kann sein, dass der Keimling von Krankheiten befallen wird. Dass die heranwachsende Pflanze in einer für sie schädlichen Umgebung wurzelt, dass Regen und
Sturm die Pflanze knicken und in ihrem Wachstum beein-
trächtigen. Solche und unzählige andere Vorkommnisse können bewirken, dass aus Samenkörnern Pflanzen hervor-
gehen, die mit ihrer Veranlagung zur perfekten Pflanze nur
noch wenig bis nichts mehr zu tun haben. Und dennoch,
auch in diesen Pflanzen ist noch die Information enthalten,
die sie zu einer vollkommenen Pflanze hätte machen kön-

nen. Diese Information bleibt bestehen und wird, wenn die Pflanze neue Samenkörner hervorbringt, unweigerlich an diese weitergegeben.

Dieses Samenkorn-Bild ist nicht allzu schwer verständlich und ich bin sicher, Sie wissen bereits, worauf ich hinaus will:

Jeder Mensch, ungeachtet seiner Herkunft oder seines körperlichen und geistigen Zustandes, trägt in sich die Anlage, zu einem vollkommenen Menschen heranzuwachsen und heranzureifen. Er trägt in sich die Veranlagung, zu dem zu werden, was er zu sein bestimmt ist: ein Mensch in dieser Schöpfung! Und diese ihm innewohnende Veranlagung, diese „Programmierung" ist nicht zu erwerben und auch nicht zu zerstören. Sie „ist" ganz einfach! Und für mein Empfinden ist es diese innere Veranlagung, die wir nicht beim Namen zu nennen imstande sind und dennoch verzweifelt zu benennen suchen. Für mein Empfinden ist dies Würde. Jeder Mensch verfügt über diese Würde, egal ob er krank, behindert oder entstellt sein mag. Egal ob er ein Heiliger oder ein Schwerverbrecher ist.

Ich denke, es ist wichtig, dieses Bild nicht allzu sehr zerpflücken zu wollen. Denn irgendwie mache ich immer öfter die Erfahrung, dass die Dinge, wenn wir sie ausschließlich mit unserem Verstand erklären wollen, sehr kompliziert werden. Ich gestehe Ihnen natürlich durchaus zu, dass Sie vielleicht voll Entsetzen denken: „Aber ich bin keine Pflanze! Ich bin ein vernunftbegabter Mensch mit einem freien Willen!" Da haben Sie schon Recht, eine Pflanze ist nicht vernunftbegabt und verfügt auch über keinen freien Willen. Sie ist dazu angelegt, ihrer Bestimmung entsprechend zu wachsen, zu blühen und zu gedeihen. Sie kann nicht einfach sagen: „Ich will aber keine Brennnessel sein! Ab morgen will ich alles dazu tun, um ein Gänseblümchen zu werden!" Sie hat keine Möglichkeit zur Wahl, sie kann sich nicht für oder gegen etwas entscheiden. Sie kann nur zu dem heranwachsen, was sie kraft ihrer Veranlagung zu sein bestimmt ist!

Wir Menschen haben unseren Verstand und unseren freien Willen. Wir sind damit begnadet. Also sollte es uns eigentlich noch viel leichter fallen, unserer inneren Veranlagung, unserer Würde Folge zu leisten und sie zu leben! Denn wir sind durchaus in der Lage, zu erkennen, wenn wir auf unfruchtbarem Boden stehen. Wir können etwas unternehmen, wenn Sturm und Hagel uns zu verletzen drohen. Wir können uns eigentlich die optimalen Bedingungen für unser optimales Wachstum wählen. All dies kann eine Pflanze nicht. Und dennoch habe ich irgendwie den Eindruck, dass es auf dieser Erde wesentlich mehr vollkommene Pflanzen als vollkommene Menschen gibt.

Doch jeder von uns ist dazu angelegt, in dieser Schöpfung Mensch zu sein. Dafür sind wir ausgestattet und ausgerüstet, dazu sind wir bestimmt. Unsere Würde ist das Zeichen unserer Bestimmung. Und diese Würde zeichnet jeden Menschen aus, ist das ihm innewohnende Siegel, das Zeichen seiner eigentlichen Bestimmung und Berufung. Diese Würde ist, und dies kann nicht oft genug betont werden, unabhängig von allen äußeren Einflüssen. Sie ist eine Gabe, ein Geschenk. Sie ist das, was uns erst zum Menschen macht. Und daher muss es unser oberstes Ziel sein, diese Würde jedem Menschen zuzugestehen und sie zu schützen.

Mensch-Sein in dieser Schöpfung bedeutet für mich, mich als ein sich-seiner-selbst-bewusstes Lebewesen in das große Wunder der Schöpfung zu integrieren und den mir darin zugewiesenen Platz einzunehmen. Es bedeutet, kraft meines Verstandes und kraft meines freien Willens, alles daran zu setzen, den Erhalt dieser Schöpfung zu unterstützen, indem ich die Gesetze der Schöpfung achte und befolge und ihr nicht meine eigenen aufzuerlegen versuche. Mensch-Sein bedeutet für mich, jedem Lebewesen voll Achtung und Nächstenliebe zu begegnen und mich zu mühen, keinem Lebewesen willentlich und wissentlich zu schaden. Aber das nur am Rande; das ist, wie gesagt, meine ganz persönliche Definition.

Wir sind nicht nur dazu aufgerufen, die Würde jedes Menschen zu achten und zu schützen, wir sind auch aufgerufen, „uns selbst die Würde zu erweisen". Damit meine ich, dass wir uns unbedingt auch unserer eigenen Würde bewusst sein müssen und diese als ein kostbares, unermesslich wertvolles Unterpfand annehmen und wertschätzen sollen. In dieser Würde liegen ein großer Trost und eine große Hoffnung. Denn wenn ich in jedem Menschen, jedem Kranken und Behinderten, jedem Verbrecher die innere Würde zu sehen vermag, dann darf ich sie auch bei mir selber sehen. Selbst wenn ich krank oder behindert bin, oder mich eines Verbrechens schuldig gemacht habe. Selbst unter misslichsten Umständen darf ich darauf vertrauen, dass ich immer noch meine Würde habe, die mir nichts und niemand nehmen kann.

Dass die menschliche Würde mit dem Herzen am besten zu sehen und zu erkennen ist, liegt wohl daran, dass beide demselben ewigen Ursprung entstammen.

7. Sterben ohne Schmerzen

Ein weiteres ganz wesentliches Anliegen der Hospizbewegung ist es, die Schwerstkranken und Sterbenden so schmerzfrei wie möglich zu halten. Oftmals werden Menschen in der Endphase ihrer Krankheit und ihres Lebens von solch unerträglichen Schmerzen gequält, dass sie diese kaum aushalten. Ihre ganze Kraft richtet sich auf den Kampf gegen den Schmerz, der von vornherein zum Scheitern verurteilt ist. So vergeuden sie ihre ohnedies schwindenden Kräfte gegen den übermächtigen Feind „Schmerz". Und die letzten Wochen, Tage und Stunden, die ihnen noch verbleiben, werden ihnen so zur kaum zu bewältigenden Qual. Dies bringt es zwangsläufig mit sich, dass alle anderen Bedürfnisse in den Hintergrund treten und vom Schmerz verdrängt werden. Ein solches von körperlichem und seelischem Schmerz und Leid bestimmtes Dasein, das keinen Raum lässt für letzte Wünsche, Fragen und Bedürfnisse des Abschiednehmenden, widerspricht in höchstem Maße dem Bestreben der Hospizbewegung, den Sterbenden bis zuletzt ein Leben in Würde zu ermöglichen.

Bereits Cicely Saunders sah sich in ihrem 1967 gegründeten Saint Christopher's House mit diesem Problem konfrontiert und stellte fest, dass es für Menschen, die im medizinischen Sinne „austherapiert" sind, keine adäquate medizinische Versorgung gibt. Wenn ein Patient einen Zustand erreicht hat, in dem er für die Mediziner ein hoffnungsloser Fall ist, da bei ihm keine Aussicht mehr auf Heilung besteht, dann macht es auch wenig Sinn, bei ihm auf Heilung abzielende Therapien und Behandlungen durchzuführen. Doch dies ändert nichts an der Tatsache, dass der Betroffene dennoch unter dem Fortschreiten seiner Krankheit zu leiden hat und dass dies, gerade bei Tumorpatienten, zumeist mit starken Schmerzen einhergeht. Cicely Saunders erkannte, dass es keine Lösung ist und keine Lösung sein darf, die Patienten mit immer stärkeren, in immer höheren Dosen verabreichten Medikamenten zu betäuben und ruhigzustellen. Es musste in ihren Augen eine andere Art der medizinischen Versorgung geben. Es musste ein Weg gefunden werden, den Schmerz der Patienten so weit in den Griff zu bekommen, dass er die Patienten nicht mehr im Griff hatte.

Dieser Denkansatz war zur damaligen Zeit völlig neu und unbekannt, denn das erste Ziel im Verständnis eines Mediziners liegt in der Heilung eines Menschen. Bereits ein französisches Sprichwort aus dem 16. Jahrhundert führt uns vor Augen, dass das Ziel in der Behandlung von Kranken nicht ausschließlich auf Heilung beschränkt sein darf: „guérir – quelquefois, soulager – souvent, consoler – toujours". Mit den Worten: „heilen – manchmal, lindern – oft, trösten – immer" wird das Tätigkeitsfeld eines Arztes in meinen Augen ganz gut beschrieben. Doch wir leben im 21. Jahrhundert und mit der Entwicklung der modernen Medizin ist die Betreuung von Patienten mit fortgeschrittenen, unheilbaren Erkrankungen immer einseitiger geworden. Ist Heilung nicht mehr möglich, dann ...

Ja eben, was dann? Dieser Aufgabe widmete sich Cicely Saunders. Ihre umfassenden und eingehenden Studien zeigten ihr Möglichkeiten der Schmerzbehandlung auf, die zwar keine Heilung versprechen, die sich aber „wie ein Mantel" behutsam und schützend um den Kranken legen, ohne ihn zu erdrücken oder gar zu ersticken. Und von diesem behütenden und schützenden „Mantel", auf lateinisch „Pallium", leitet sich auch der Name dieser damals revolutionären Therapieform ab: Palliativ-Medizin oder Palliation oder Palliative Care. Dank Cicely Saunders zeichnete sich damit eine Wende in der Behandlung austherapierter Patienten ab, die damals wie heute von unschätzbarem Wert und immer größer werdender Bedeutung ist. Die Palliation ermöglicht es, die Schmerzen sterbenskranker Menschen auf ein erträgliches und auszuhaltendes Maß zu reduzieren. Wenn der Schmerz nicht mehr im Vordergrund steht, wenn er nicht mehr das gesamte Erleben und Empfinden eines Menschen bestimmt und ausmacht, dann kann der Kranke sich wieder „anderem" zuwenden. Er kann es zulassen, dass die Zeit, die ihm noch bleibt, mit Eindrücken, Erfahrungen und Begegnungen bereichert und erfüllt wird. Er kann Gefühle und Empfindungen zulassen. Kann vielleicht noch Freude und Zuwendung, Geborgenheit, Frieden und Liebe spüren.

Doch die Palliativmedizin sollte nicht ausschließlich als „Sterbemedizin" missverstanden werden. Im Gegenteil: Es wäre wünschenswert, palliativmedizinische Methoden und Einstellungen bereits in früheren Stadien der Erkrankung einzusetzen und anzuwenden, um dem Patienten unnötige und durchaus zu vermeidende Schmerzen zu ersparen. Die Vorausetzung für diesen Anspruch liegt verständlicherweise in der genauen Kenntnis des gesundheitlichen und auch psychischen Zustandes und der Verfassung des Patienten. Das bedeutet, dass es nicht ausreichend ist, seinen Zustand ein oder zwei Mal am Tag zu ermitteln, um einen wirksamen Therapieansatz zu erstellen. Der Patient muss als Ganzes erfasst werden, die Präsenz des Schmerzes fortlaufend diagnostiziert und analysiert werden. Schmerzen sind in ihrer Auswirkung nicht konstant. Sie kommen und gehen, werden schwächer und wieder stärker und können von den unterschiedlichsten Symptomen wie Übelkeit, Benommenheit,

Atemnot, Schluckschmerzen und vielem mehr begleitet sein. Erst wenn der Palliativmediziner ganz genau über den Zustand seines Patienten Bescheid weiß, kann er eine wirksame Therapie erstellen. Somit spielt auch in der Palliativmedizin die gute Zusammenarbeit von Ärzten, Pflegepersonal, Sozialarbeitern, Psychologen, Physiotherapeuten, Seelsorgern und vor allem den Angehörigen eine enorm wichtige Rolle.

Cicely Saunders brachte dies mit der Forderung „high person, low technology" auf den Punkt: Der Mensch steht an erster Stelle und das Medizinische, mit viel technischem Aufwand Machbare, tritt in den Hintergrund. Es geht hier ausschließlich um die Lebensqualität des Patienten. Seine Wünsche und sein Befinden stehen im Vordergrund.

Nach der Definition der Weltgesundheitsorganisation und der deutschen Gesellschaft für Palliativmedizin ist diese „die aktive, ganzheitliche Behandlung von Patienten mit einer progredienten (voranschreitenden), weit fortgeschrittenen Erkrankung und einer begrenzten Lebenserwartung zu der Zeit, in der die Erkrankung nicht mehr auf eine kurative Behandlung anspricht und die Beherrschung von Schmerzen, anderen Krankheitsbeschwerden, psychologischen, sozialen und spirituellen Problemen höchste Priorität besitzt".

So kann man sagen, dass Palliativmedizin nicht versucht, die „Überlebenszeit" des Patienten um jeden Preis zu verlängern, sondern anstrebt, die Zeit, die der Patient noch hat, so angenehm und erträglich wie möglich zu gestalten. Palliativmedizin bejaht das Leben und ist gegen eine Verkürzung des Lebens, allerdings auch gegen sinnlose Therapieversuche, die den Patienten belasten und verhindern, dass er die ihm noch verbleibende Lebenszeit optimal nutzen kann. „Nicht dem Leben mehr Tage, sondern den Tagen mehr Leben geben", dies kann wohl als Kernleitsatz der Palliativmedizin und der Hospizpflege angesehen werden. Womit auch klar wird, wie eng diese beiden Bereiche zusammenhängen und dass gelingende Hospizbegleitung ohne Palliativmedizin nicht möglich ist.

Für mich steht außer Frage, dass die Palliativmedizin in der Zukunft immer wichtiger wird. Gerade wenn es darum geht, unserer Gesellschaft, die in der Zukunft zum größten Teil aus alten und kranken Menschen bestehen wird, wieder ein menschlicheres Antlitz zu verleihen. Die Palliativmedizin versucht, Verantwortung für den Menschen als Ganzes zu übernehmen. Und für die Zukunft wäre es wünschenswert, dass die Palliativmedizin nicht nur auf die Palliativstationen und Hospize beschränkt bliebe. Auch der im Ansatz bereits bestehende Versuch, die Palliativmedizin an den Universitäten zu etablieren, muss dringend gefördert, unterstützt und weiterverfolgt werden. Um diesem Anspruch, dieser Vision gerecht zu werden, werden vor allem Menschen gebraucht, denen es ein aufrichtiges und inniges Bedürfnis ist, „Mensch zu sein". Dabei muss uns allen klar sein, dass der Versuch „Mensch zu sein" vielleicht nicht immer der angenehmste und bequemste Weg durch dieses Leben ist. Aber wer hat eigentlich behauptet, dass Leben immer nur einfach und bequem zu sein hat? Dass das Lebensziel darin liegt, so viel Spaß wie möglich zu haben und dies auf möglichst unkomplizierte und effiziente Art und Weise?

Da Palliativmedizin oftmals als Sterbemedizin angesehen und missverstanden wird, ist es mir sehr wichtig, hier einige Begriffe zumindest ansatzweise klarzustellen:

Was versteht man unter Sterbehilfe? Im juristischen Sprachgebrauch unterscheidet man aktive Sterbehilfe, passive Sterbehilfe, indirekte Sterbehilfe und Beihilfe zum Suizid.

◆ Als aktive Sterbehilfe bezeichnet man jede gezielte Tötung einer Person zur Ermöglichung eines baldigen, schmerzfreien Todes. Die aktive Sterbehilfe ist in Deutschland verboten. Sie ist selbst bei einer nur geringen Lebensverkürzung und auch dann strafbar, wenn der Sterbende seine Tötung ausdrücklich verlangt.

◆ Unter passiver Sterbehilfe versteht man das Unterlassen, Beenden oder Begrenzen einer lebenserhaltenden Maßnahme. Der nationale Ethikrat schlägt hierfür die ausschließliche Verwendung des Begriffs „Sterbenlassen" vor. Unter die passive Sterbehilfe können beispielsweise der Abbruch oder der Verzicht auf Reanimation oder der Abbruch oder Verzicht auf künstliche Ernährung, Flüssigkeitszufuhr oder Medikamentengabe fallen.
Passive Sterbehilfe ist nicht strafbar, wenn sie dem (gegebenenfalls auch mutmaßlichen) Willen des Patienten entspricht. Denn auch der Gesetzgeber möchte, dass ein menschenwürdiger Verlauf des natürlichen Sterbeprozesses entsprechend den Wünschen des Patienten erfolgen kann. Sie ist auch ohne Einwilligung des Patienten straflos, falls der Sterbeprozess nicht mehr aufzuhalten und der Todeseintritt in kurzer Zeit zu erwarten ist.

◆ Indirekte Sterbehilfe liegt vor, wenn ein aus ärztlicher Sicht notwendiges, schmerzlinderndes und/oder bewusstseinsdämpfendes Medikament bei einem tödlich Kranken oder Sterbenden als unbeabsichtigte und unvermeidbare Nebenfolge dessen Tod herbeiführt. Es handelt sich hierbei um Maßnahmen der ärztlichen Leidensverhinderung bei Gefahr der Lebensverkürzung. Der Nationale Ethikrat schlägt hierfür die ausschließliche Verwendung des Begriffs „Therapie am Lebensende" vor.
Indirekte Sterbhilfe ist erlaubt und somit nicht strafbar,

wenn sie ärztlich begründet ist und dem (mutmaßlichen) Willen des Patienten entspricht.

♦ Unter Beihilfe zum Suizid versteht man die Unterstützung oder Nichthinderung eines lebensmüden Menschen bei einer von ihm freiverantwortlich begangenen Selbsttötung. Der Nationale Ethikrat schlägt hierfür die ausschließliche Verwendung des Begriffs Beihilfe zur Selbsttötung vor. Die Beihilfe zur Selbsttötung ist grundsätzlich nicht strafbar, da auch die Selbsttötung als solche nicht strafbar ist. Aber Achtung: Verliert der lebensmüde Mensch in Anwesenheit des Beihelfenden das Bewusstsein und könnte er zu diesem Zeitpunkt noch gerettet werden, so kann sich der Beihelfende strafbar machen, wenn er den Tod des Bewusstlosen nicht verhindert.

Abschließend noch ein Faktum zum Nachdenken und Aufhorchen:

Das Ergebnis einer Befragung von Menschen, die die aktive Sterbehilfe befürworten, änderte sich schlagartig, als diese über die Möglichkeiten der Palliativmedizin informiert und aufgeklärt wurden. Die Aussicht auf mögliche Schmerzfreiheit bis zum Tode ließ weit über die Hälfte der Befragten ihre Meinung ändern. Dies lässt den Schluss zu, dass es vor allem die Angst vor Schmerzen ist, die Menschen dazu bringt, ihr Leben freiwillig beenden zu wollen. Daraus wird wiederum ersichtlich, wie enorm wichtig die Palliativmedizin ist und wie dringend notwendig ihre Integration in das Medizinwesen ist.

Als zweiten Grund für eine Befürwortung der aktiven Sterbehilfe gaben die Befragten an, dass sie niemandem zur Last fallen und ihren Angehörigen keine Kosten verursachen wollen. Ich frage mich, wie diese Information bei Ihnen ankommt? Ich muss sagen, dass es mich erschüttert, dass Menschen ihr Leben freiwillig zu beenden wünschen, nur um „pflegeleicht und kostensparend" zu sein. Dies zeigt mir wiederum, wie wichtig die Hospizbewegung ist, um Menschen von diesen unmenschlichen Vorstellungen zu befreien und ihnen das Gefühl zu vermitteln, angenommen, wertgeschätzt und wichtig zu sein. Und zwar nicht nur solange diese Menschen der Gesellschaft „zu Nutzen" sind (was auch immer man darunter verstehen mag), sondern bis in den Tod! Und so wie die Palliativmedizin dringend fester und selbstverständlicher Teil der Humanmedizin werden muss, muss der Hospizgedanke fester und selbstverständlicher Teil unserer Gesellschaft werden.

Im Übrigen lohnt es sich auch, sich einmal mit dem Gedanken an eine Patientenverfügung zu befassen, denn entgegen einer weit verbreiteten Vorstellung ist es durchaus nicht so, dass die Angehörigen oder Ehepartner im Falle einer Entscheidungsunfähigkeit des Patienten für diesen entscheiden können. Dafür benötigen sie eine Bevollmächtigung. Im Falle einer Therapieentscheidung zählt ausschließlich der Wille des Patienten. Ist der Patient nicht in der Lage, seinen Willen kundzutun, entscheidet der Arzt. Die Patientenverfügung dient dazu, den behandelnden Arzt im Falle einer Einwilligungsunfähigkeit über medizinische Maßnahmen zu instruieren. Das bedeutet, dass der Patient bei klarem Bewusstsein ganz genaue Angaben darüber machen kann, welche medizinischen Maßnahmen zu unterlassen oder vorzunehmen sind. Der Patientenverfügung zugrunde liegt die berechtigte Angst vieler Menschen, als Pflegefall einer ungewollten Behandlung wehrlos ausgesetzt zu sein. Doch auch für junge Menschen macht es Sinn, für den Fall einer unerwarteten schweren Krankheit oder eines Unfalles eine Patientenverfügung zu verfassen.

Patientenverfügungen können und sollten in regelmäßigen Abständen überprüft und, wenn nötig, erneuert werden. Auch wenn der Gedanke an das Verfassen eines solchen Dokumentes mindestens so unangenehm ist wie das Verfassen des eigenen Testamentes, es hilft erstaunlicherweise, dabei so pragmatisch wie möglich vorzugehen und es einfach „hinter sich zu bringen". Unangenehm, ich weiß. Aber lange nicht so unangenehm, wie beispielsweise monatelang gegen seinen Willen künstlich ernährt oder beatmet zu werden ...

8. Das Engagement wird konkret

Ich durfte mich nun also offiziell Hospizhelferin nennen und ich war mittlerweile auch offizielles Mitglied der Bayerischen Stiftung Hospiz. Dies brachte mit sich, dass ich in dieser Funktion immer öfter gebeten wurde, an die Öffentlichkeit zu treten. Sei es bei öffentlichen Veranstaltungen der Hospizbewegung, wo ich die Bayerische Stiftung Hospiz vertreten durfte, sei es bei öffentlichen Besuchen stationärer Hospize. Immer öfter bat man mich nun auch, bei solchen Veranstaltungen Grußworte zu verlesen oder eigene kleine Vorträge und Berichte zum Thema Hospizarbeit „zum Besten" zu geben.

Ich weiß nicht so recht, wie ich Ihnen auch nur annähernd verständlich machen kann, was ein „öffentlicher Auftritt" für mich bedeutet. Damit meine ich nicht, dass ich für Sie nachvollziehbar machen möchte, welche Ehre, die es gewiss auch bedeutet, dies für mich ist. Nein, ganz im Gegenteil, ich möchte Ihnen nahebringen, mit welchen Panikattacken und Schweißausbrüchen solche Auftritte für mich verbunden sind. Diejenigen, die mich bei solchen Gelegenheiten erlebt haben, beteuern mir zwar immer wieder, wie natürlich und doch souverän ich solche Herausforderungen zu meistern verstehe, aber es fällt mir schwer, dies anzunehmen. Oftmals denke ich mir, dass diese Menschen einfach versuchen, nett und höflich mit mir zu sein (einmal charity – immer charity!?). Und ich denke mir vor allem: Wenn die wüssten! Ja, wenn alle wüssten, dass ich oftmals vor öffentlichen Auftritten nicht oder nur sehr schlecht schlafen kann. Dass die Auswahl meiner Garderobe mich beinahe um den Verstand bringt und die Vorstellung, dass ich auf dem Weg zum Podium stolpern oder gar ohnmächtig werden könnte, mich an den Rand eines Nervenzusammenbruchs treibt. Von der stets lauernden Möglichkeit eines Black-Outs ganz zu schweigen.

Bitte tun Sie meine Ängste jetzt nicht einfach ab, so nach dem Motto „Was will sie denn eigentlich? Fishing for compliments, oder was?". Ich werde Ihnen nun nämlich erzählen, wie mein schlimmster Albtraum, der eines Total-Black-Outs, für mich zur bitteren Wahrheit wurde.

Ich war damals zwar noch nicht Mitglied der Bayerischen Stiftung Hospiz, engagierte mich aber bereits seit einigen Jahren für ein Projekt, das jedes Jahr einen Wohltätigkeitsball veranstaltete, um auf sein Engagement aufmerksam zu machen und Spendenaufrufe an die breite Masse zu richten. Meine Aufgabe war es unter anderem, dieses Projekt durch mein internes wie durch mein öffentliches Auftreten und Wirken zu unterstützen, und so fiel mir im Rahmen dieses Balles die ehrenwerte Aufgabe zu, die dort munter vertretene Presse mit Informationen zu füttern und mich für Interviews zur Verfügung zu stellen und bereitzuhalten. Dies war für mich nicht das erste Mal, was aber nichts daran änderte, dass ich schrecklich nervös und aufgeregt war.

Nun, der Abend war schon recht fortgeschritten. Ich hatte fleißig und aufdringlich um Spenden gebeten, war mit Lotterielosen durch das Ballgetümmel gehüpft, hatte bereitwillig jedem, der es hören wollte, und auch denen, die es nicht hören wollten, von Grund und Ziel des stattfindenden Balles erzählt und war restlos erschöpft und überdreht. Bis zu diesem Augenblick hatte sich noch kein Radio- oder Fernsehteam an mich herangewagt und ich glaubte tatsächlich, naiv wie man manchmal eben ist, dass ich als prominente Informationsquelle vielleicht endlich einmal übersehen und vergessen worden war.

Als ich mich gerade zu entspannen begann, sah ich, wie sich die Menge vor mir teilte. Ich wusste, dass dies nichts Gutes verheißen konnte und unterdrückte krampfhaft ein natürliches in mir aufkeimendes Fluchtverhalten. Ich hatte es ja geahnt und befürchtet! Da kam auch schon ein Kamerateam auf mich zu, an seiner Spitze ein strahlender Reporter, der sich mit seinem überdimensionalen Mikrophon, das er wie eine Dschungel-Machete vor sich her schwang, den Weg frei kämpfte. Und dieser Weg führte unerbittlich zu mir. Ich riss mich zusammen und bemühte mich, ein Ich-liebe-es-interviewt-zu-werden-Gesicht zu machen und gewinnend zu lächeln. Was tut man nicht alles für eine gute Sache? Der Reporter hatte mich geschnappt und das Interview begann. Alles lief eigentlich wie immer, auch die Fragen unterschieden sich nicht wesentlich von den Fragen, die mir sonst gestellt wurden. Ich sprach, wie immer wenn ich sehr nervös bin, betont langsam und deutlich und versuchte einerseits gezielt ins Mikrophon zu sprechen und andererseits ebenso gezielt in die Kamera zu lächeln. Das ist gar nicht so einfach, glauben Sie mir. Doch irgendwie gelang es ganz gut und ich merkte irgendwann erleichtert, dass das Interview sich seinem Ende zuneigte.

Als der Reporter lächelnd meinte: „So, und nun zum Abschluss noch eine letzte Frage", hätte ich ihn am liebsten umarmt. „Wem kommen denn die Spenden des heutigen Abends zugute?" Dies ist an sich keine wirklich außergewöhnliche Frage, vor allem wenn man den ganzen Abend die Trommel für diejenigen geschlagen hat, denen diese Gelder zufließen. Ich hätte also durchaus mit dieser Frage rechnen können. Und dennoch machte es in genau diesem Augenblick in meinem Gehirn „Klick". Klick und Aus! Ich hatte keine Ahnung, was ich dem netten Reporter antworten sollte. Um die Situation zu retten, lächelte ich mit dem Mut der Verzweiflung und sagte ziemlich bestimmt: „Also das kann ich Ihnen jetzt wirklich nicht sagen!" Der Reporter, der zum Glück nicht ganz unbedarft war, merkte mir mein Dilemma an und gab mir noch eine zweite Chance, indem er dieselbe Frage noch mal betont langsam und höflich und nicht minder strahlend stellte. „Und wem kommen die Spenden des heutigen Abends zugute?" Ich hätte heulen können. Ich wusste es nicht mehr! Ich hatte keine Ahnung mehr, in wessen Namen ich die letzten vier Stunden verbracht hatte. Ich hatte keine Ahnung mehr, für wen ich mich das letzte Jahr engagiert hatte. Ich hatte von nichts mehr eine Ahnung! Ich beschloss stur zu schweigen und zu lächeln. Etwas Besseres fiel mir in meinem momentanen Zustand einfach nicht ein. Endlich sprach er den befreienden Satz aus: „Na, das schneiden wir dann halt heraus ...", und das Interview war beendet.

Nun verstehen Sie bestimmt, dass ich mit meinen Ängsten, in der Öffentlichkeit zu sprechen, nicht übertreibe. Das beschriebene Black-Out war tatsächlich eine meiner schrecklichsten Erfahrungen in „Sachen Presse". Diese Erfahrung hat mich gelehrt, dass solche Albträume wirklich wahr werden können und dieses Wissen trägt nicht unbedingt zu meiner Gelassenheit bei öffentlichen Auftritten bei. Sollten Sie mich jemals bei einem öffentlichen Auftritt erleben: Lassen Sie sich nicht blenden! Drücken Sie mir bitte einfach die Daumen ...

Es ist eines der größten Anliegen der Hospizbewegung, die Öffentlichkeit für ihr Tun, vor allem aber für die Beweggründe ihres Tuns zu sensibilisieren und zu erreichen. Wobei mit Öffentlichkeit einerseits der einzelne Mensch gemeint ist, der von dieser Thematik früher oder später unweigerlich betroffen ist, und andererseits all jene, die durch ihren Beruf tagtäglich mit dem Leiden und dem Sterben schwerstkranker Menschen konfrontiert sind. Und dann gilt es natürlich auch noch, die übergeordneten Organisationen und Stellen zu erreichen, die schlussendlich die Fäden in der Hand halten.

Die Gruppe der Hospizhelfer setzt sich vorwiegend aus Menschen zusammen, die ehrenamtlich, also ohne ein Verdienst, ihre Freizeit dazu nutzen, Sterbenskranken beizustehen und sie und deren Angehörige auf ihrem schweren Weg ein Stück weit zu begleiten. Diese Menschen tun dies nicht, weil sie sonst nichts zu tun hätten oder sich gar langweilen. Sie tun es, weil sie zutiefst davon überzeugt sind, dass die Würde des Menschen bis in den Tod hinein geachtet und geschützt werden muss. Sie tun dies, weil sie erkannt haben, unter welch unmenschlichen und entwürdigenden Umständen Menschen oftmals gezwungen sind, ihre letzten Monate, Wochen, Tage und Stunden zu verbringen. Mitglieder der Hospizbewegung haben diesen Missstand erkannt und haben ebenso erkannt, dass es am einzelnen Menschen liegt, dem entgegenzuwirken.

Irgendjemand hat einmal gesagt, dass der Wert einer Gesellschaft letztlich danach zu bewerten ist, wie diese Gesellschaft mit ihren schwächsten Gliedern, den Alten, den Kranken und den Schwachen, umgeht. So betrachtet erscheint mir unsere Gesellschaft im Moment ziemlich wertlos.

Wenn unsere entmenschlichte Gesellschaft die Chance hat, sich zu besinnen und sich ihrer eigentlichen Aufgabe, ihrer kollektiven Würde, bewusst zu werden, dann nur durch gelebtes Menschsein. Damit meine ich alle Menschen, die sich aus freiem Entschluss in den „Dienst des Nächsten" stellen. All diesen Menschen gebührt unsere größte Hochachtung und ihr Tun und Wirken kann gar nicht oft genug anerkannt werden.

Neben dem Einzelnen, den es in seiner Menschlichkeit und seinem Verantwortungsgefühl dem Nächsten gegenüber zu erreichen und zu berühren gilt, ist es ein inniges und wesentliches Anliegen der Hospizbewegung, auch all jene zu erreichen, die durch ihren Beruf mit der Begleitung Sterbender zu tun haben. Dazu zählen neben Ärzten, Krankenschwestern und Pflegepersonal auch all jene, die sich, in welcher Berufsform auch immer, mit Kranken und Sterbenden konfrontiert sehen. Nichts läge der Hospizbewegung ferner, als all diesen großartigen und hart arbeitenden Menschen mit „erhobenem Zeigefinger" begegnen zu wollen. Im Gegenteil: Vielmehr wird die Vision einer fruchtbaren Zusammenarbeit, die dem Betroffenen und seinen Angehörigen schlussendlich zugutekommt, angestrebt.

Ich habe das Tätigkeitsfeld eines Hospizhelfers bereits eingehend beschrieben, also wissen Sie, dass dazu keinerlei ärztliche oder pflegerische Tätigkeiten gehören. Kein Hospizhelfer kann und darf in die Kompetenzen der Ärzte, der Krankenschwestern und des Pflegepersonals eingreifen. Ein guter Hospizhelfer wird dies auch gar nicht wollen, denn er möchte für seinen Patienten ganz einfach das Beste und somit auch die beste Versorgung auf medizinischem und pflegerischem Gebiet. Und ein Hospizhelfer ist nun mal kein Arzt und keine Krankenschwester und auch kein Pfleger.

Dennoch kann der Hospizhelfer ein Mittler zwischen Ärzten und Pflegepersonal sein, denn er kennt die Bedürfnisse des Patienten ganz genau, er weiß, wann der Patient Schmerzen hat, und er weiß meist auch, wie stark diese Schmerzen sind. Er weiß, was den Patienten quält, und er weiß auch, unter welchen körperlichen Beschwerden er besonders zu leiden hat. All dies wissen die Ärzte und das Pflegepersonal wohl auch, aber vielleicht nicht in demselben Maße wie der Hospizhelfer. Einfach weil ihnen die Zeit fehlt, den Patienten so eingehend und über einen längeren Zeitraum zu beobachten und zu erleben. Ein guter Arzt und eine gute Krankenschwester werden über die zusätzlichen Informationen, die der Hospizhelfer über den Zustand des Patienten zu geben imstande ist, dankbar sein. Denn auch sein höchstes Ziel ist es, dass es dem Patienten so gut wie möglich geht.

Gewöhnlich wird ein Kranker, ein Sterbender, der den Wunsch hat, zu Hause in seiner gewohnten Umgebung zu verbleiben, rund um die Uhr, seinem Zustand entsprechend, von einem ambulanten Pflegedienst und dem zuständigen Arzt betreut. Dazu kommt, wenn es gewünscht ist, der Hospizbegleiter. Nun sind der Patient und dessen Familie in ein Netz verschiedenster Menschen mit den unterschiedlichsten Aufgabenbereichen und Kompetenzen eingebunden. Damit es dabei zu keinen Verwirrungen und Kompetenzstreitigkeiten kommt, die dem Patienten mehr schaden als nützen, ist es wünschens- und anstrebenswert, zwischen all den Beteiligten ein Optimum an gelingender Kommunikation und Achtung vor dem Tätigkeitsbereich des Einzelnen und dessen Kompetenzen zu erreichen. Und zwar im Sinne des Patienten und zu seinem ausschließlichen Wohl. Wenn dies gelingt, dann kann sich eine im wahrsten Sinne des Wortes „ganzheitliche" Pflege des Patienten ergeben, die jeden Bereich, den physischen wie den psychischen und auch den spirituellen, mit einbezieht und berücksichtigt. Dann kann auch eine Atmosphäre entstehen, in der der Kranke sich optimal umsorgt, geborgen und sicher fühlt.

Dies klingt eigentlich ganz einfach, doch um diese Vision in die Wirklichkeit umzusetzen, braucht es eben sehr viel Achtung und die Bereitschaft zu einem fruchtbringenden Dialog zwischen all jenen, die in die Betreuung und in die Pflege des Patienten eingebunden sind. Vor allem wohl auch das Bewusstsein, dass alles, was getan oder nicht getan wird, stets im Sinne des Patienten zu geschehen hat. Dieses Bewusstsein auch bei Ärzten, Krankenschwestern und medizinischem Pflegepersonal zu erreichen, ist für das Bestehen und die Entwicklung der Hospizbewegung von größter Bedeutung. Es gilt zu erkennen, dass auch hier, wie in allen anderen Bereichen des Lebens, nur ein Miteinander dem gemeinsamen Ziel zugutekommen kann. Und das gemeinsame Ziel ist in diesem Fall ein möglichst würdevoller und schmerzfreier Tod des sterbenden Menschen.

Obendrein wäre es wohl auch wünschenswert, wenn sich all jene, die in die Betreuung und in die Pflege alter und kranker Menschen eingebunden sind, mit den Inhalten und den Methoden, die im Rahmen der Hospizpflege vermittelt und angewendet werden, vertraut machten. Dabei spielt es keine Rolle, ob man in einem pflegenden Beruf tätig ist oder als Angehöriger vom Schicksal eines sterbenskranken oder dementen Menschen betroffen ist. Nicht nur, weil dieses Wissen dem Patienten oder dem alten Menschen zugutekommt, sondern auch, und dies darf nicht vergessen werden, weil der Betreuende, der Pflegende oder der Angehörige ebenfalls davon profitiert. Dies habe ich am eigenen Leibe erfahren und kann dies daher aus vollster Überzeugung behaupten!

Eine Berufsgruppe, die auf ganz besondere Art und Weise mit sterbenden Menschen in Berührung kommt, möchte ich hier noch gesondert erwähnen. Es sind die Seelsorger, denen in der Begleitung eines Sterbenden eine ganz besondere Bedeutung und Rolle zukommt. Es ist ganz gewiss unerlässlich und immens wichtig, einen Sterbenden auf der physischen und der sozialen Ebene zu unterstützen und ihm darin ein Optimum an Betreuung und Fürsorge zukommen zu lassen. Doch es ist mindestens ebenso wichtig, in manchen Fällen sogar noch wichtiger, den Patienten mit seinen seelischen Belangen in einer so elementaren Phase wie der des Sterbens nicht alleine zu lassen. Denn abgesehen von den körperlichen Schmerzen und Qualen, die es auszuhalten und zu ertragen gilt, abgesehen vom zunehmenden körperlichen Verfall und der damit verbundenen Schwäche, steigt in jedem Sterbenden irgendwann die große Frage nach dem „Danach" auf. Das Sterben bringt mit sich, dass wir uns den letzten, den wirklich bedeutsamen Wahrheiten unseres Seins stellen müssen.

9. Was ich in der Hospizarbeit fürs Leben lernte

Wenn ein Mensch die Diagnose einer unheilbaren Krankheit erhält, wenn ihm mehr oder weniger sanft klargemacht wird, dass er im medizinischen Sinne „austherapiert" ist, dass bei ihm keine kurativen, also auf Heilung abzielende Therapien und Behandlungsmethoden mehr angewendet werden, sondern bloß noch schmerzlindernde und unter Umständen lebenserhaltende, dann durchläuft dieser Mensch verschiedene Phasen, in denen er sich mit dieser schmerzlichen Wahrheit und der damit verbundenen Folge, nämlich dem eigenen Tod, auseinandersetzt. Diese Phasen durchläuft jeder, der davon Kenntnis erhält, dass er nicht mehr lange zu leben hat. Voraussetzung dafür ist natürlich, dass dieser Mensch noch die Zeit hat, diese Phasen zu durchlaufen.

Die Kenntnis und das Wissen um diese Phasen verdanken wir Dr. Elisabeth Kübler-Ross. Bei ihrer intensiven Arbeit mit Sterbenden konnte sie beim Sterbeprozess fünf Phasen feststellen, die einem ganz natürlichen Ablauf folgen und ganz unabhängig von Alter, Herkunft oder dem sozialen Umfeld des Betroffenen sind. Diese Faktoren spielen im Angesicht des Todes offenbar keine Rolle mehr. Es ist unbedeutend, ob ein Hochschulprofessor oder eine Verkäuferin im Sterben liegt. Diese Phasen erlebt jeder.

Dr. Kübler-Ross hat auf dem Gebiet der Sterbeforschung damit wirklich Großes und Bedeutsames geleistet und unter Beweis gestellt.

Das Wissen um diese Phasen erleichtert es gerade denjenigen, die einen Sterbenden betreuen und begleiten, Verständnis für dessen psychische Befindlichkeit aufzubringen.

Wenn man als Begleitender zumindest ansatzweise versteht, in welcher Phase sich der Patient gerade befindet, kann man auch die Gefühle und die Ängste eines Sterbenden leichter nachvollziehen und ihm darin beistehen.

Die fünf Phasen werden folgendermaßen eingeteilt und definiert:

1. Phase: Nicht-wahrhaben-Wollen und Isolierung
2. Phase: Zorn
3. Phase: Verhandeln
4. Phase: Depression
5. Phase: Zustimmung

Die erste Phase des Nicht-wahrhaben-Wollens folgt unmittelbar auf die Diagnose, die der Patient erhält. Diese Phase ist dadurch gekennzeichnet, dass der „zum Tode Verurteilte" die Wahrheit nicht akzeptieren will und sogar leugnet. Er ist davon überzeugt, dass mit diesem vernichtenden Todesurteil niemals er persönlich gemeint sein kann, dass hier ein massiver Irrtum vorliegen muss.

Die zweite Phase setzt dann ein, wenn der Patient die bittere Wahrheit annimmt, dass seine Unterlagen doch nicht vertauscht worden sind und die Ärzte sich doch nicht geirrt haben. Dieses Annehmen der Wahrheit löst eine Welle von Zorn aus, der wohl auf dem Unverständnis basiert, sterben zu müssen. Es spielt dabei keine Rolle, gegen wen sich dieser Zorn richtet. Jedes Ziel ist willkommen: von den behandelnden Ärzten bis zur Krankenschwester, von den Angehörigen bis zu wohlwollenden Besuchern, vom Seelsorger bis hin zu Gott, der „so etwas zulässt", der den Betroffenen solcherart bestraft.

Wenn dieser Zorn langsam verebbt, dann beginnt die dritte Phase, die durch eine Einstellung und Haltung des Verhandelns gekennzeichnet ist. Der Patient findet sich mehr recht als schlecht mit seinem bevorstehenden Tod ab und versucht nun, das Schicksal so auszutricksen, dass er mit ihm und Gott und wem auch immer ins Verhandeln kommt. Da kann es zum Beispiel heißen: „Also gut, ich habe es verstanden, dass ich, aus welchem Grund auch immer, sterben werde. Ich akzeptiere das ...". Und nun können hier eine Unzahl an mehr oder weniger plausiblen Gründen eingesetzt werden, mit denen der Patient sich noch ein bisschen Zeit erkaufen möchte. Bedingungen können dann zum Beispiel so aussehen: „Wenn ich die Hochzeit meiner Tochter noch miterleben kann ...", „Wenn ich meinen in Alaska lebenden Sohn noch einmal sehen darf ...", „Wenn ich die Erstkommunion meines Enkelkindes noch mitfeiern kann ..."

In der vierten Phase wird dem Patienten schließlich erschreckend klar, wie es wirklich um ihn steht, und er erkennt auch, welche Folgen sein nahender Tod für seine Familie und seine Angehörigen mit sich bringt. Ein überwältigendes Gefühl des Verlustes überkommt ihn und eine Welle an Ängsten und Sorgen um sich selbst und um die anderen überschwemmt ihn regelrecht. Dies ist die Phase der Depression und gerade in dieser Phase braucht der Patient sehr einfühlsame Ärzte, Seelsorger und Begleiter, die in der Lage sind, hinter die Depression zu schauen.

In der fünften Phase, sofern ein Patient die Zeit hat, diese zu erleben, und sofern ihm einfühlsam geholfen wurde, durch die vorangegangenen Phasen hindurchzugehen, befindet sich der Patient in einem Zustand des Loslassens und des Abschiednehmens. Meist ist er zu diesem Zeitpunkt körperlich und seelisch schon so geschwächt, dass sich auch seine Gefühlswelt zunehmend reduziert. Sein Bedürfnis nach Ruhe und Schlaf wird immer größer. Auch äußert er oftmals den Wunsch, nur noch von ganz wenigen und bestimmten Menschen umgeben zu sein. Er bereitet sich innerlich auf seine letzte Reise vor und spürt instinktiv, dass er diese nur dann antreten kann, wenn er sich nach und nach von den Menschen loslöst, die ihn begleiten.

Diese Phase ist vor allem für die Angehörigen schwer zu ertragen. Denn erst jetzt wird auch diesen im vollen Ausmaß bewusst, dass der Abschied von einem geliebten Menschen bevorsteht.

Alle diese Phasen werden von den Sterbenden erfahrungsgemäß mehr oder weniger intensiv erlebt und durchlaufen. Das heißt allerdings nicht, dass diese Phasen genau wie beschrieben hintereinander ablaufen müssen. Es kann durchaus auch sein, dass sich einzelne Phasen miteinander vermischen und überschneiden.

Ich finde es bemerkenswert, dass die Hoffnung offenbar ein so grundlegendes, dem Menschen innewohnendes Gefühl ist, dass sie den Sterbenden selbst in den verzweifeltsten Momenten und den ausweglosesten Situationen streckenweise immer wieder begleitet und ihm sein Dasein erträglicher macht. Und es scheint ebenso ein Faktum zu sein, dass der Sterbende immer wieder in der Lage ist, sein Sterben für Augenblicke zu „vergessen" und sich anderem zuzuwenden. Ohne diese Gnade würde ein Mensch, der bewusst dem Tode entgegensieht, wohl verrückt werden.

Sie können gewiss nachvollziehen, wie wichtig es in der Begleitung und in der Betreuung eines Sterbenden ist, diese von Dr. Kübler-Ross definierten Phasen zu kennen und aus diesem Wissen heraus Verständnis für die Gefühle und das

Verhalten des Sterbenden aufzubringen. Es kann helfen, mit dem oft nicht nachvollziehbaren Verhalten und den damit verbundenen Gefühlsäußerungen eines Sterbenden zurechtzukommen und umzugehen. Irgendwie scheint es mir eine Gnade zu sein, diese Phasen als Sterbender so bewusst wie möglich zu durchleben, auch wenn dies sehr schmerzlich und quälend sein mag. Ich bin von der Tatsache überzeugt, dass ein Mensch, der sich seinem irdischen Ende nähert, bewusst oder unbewusst das dringende Bedürfnis in sich verspürt, mit sich und seinem Leben „aufzuräumen", die „Bilder seines Lebensmantels" (Sie erinnern sich?) noch einmal anzuschauen und in das Ganze einzufügen. Dieses „Aufräumen" gehört offenbar zum Sterben dazu und hilft dem Sterbenden, Abschied zu nehmen und sich loszulösen.

Es erfüllt mich persönlich mit Schrecken und mit Grauen, mir vorzustellen, dass der Tod mich in einem Zustand findet, in dem ich noch sehr, sehr viel aufzuräumen habe. Heute weiß ich, dass diese „unaufgeräumten Dinge" eines Lebens nicht einfach verloren gehen. Dass sie ans Tageslicht drängen, wenn es darum geht, Abschied zu nehmen. Und sie tun dies ziemlich aufdringlich und kümmern sich nicht darum, ob wir körperlich überhaupt noch in der Lage dazu sind, uns mit ihnen auseinanderzusetzen. Damit meine ich, dass wir uns nicht davon täuschen lassen dürfen, wenn ein Sterbender augenscheinlich nichts mehr „mitbekommt", weil sein Bewusstsein getrübt ist, er in eine Form des Komas gefallen ist oder schlichtweg unter sehr starken Beruhigungs- und Schmerzmitteln steht. Das Unterbewusstsein und die in ihm schlummernden Dinge lassen sich nicht austricksen. Sie bestehen weiter, solange sie nicht aufgelöst werden. Und selbst wenn ein Schwerstkranker nicht mehr in der Lage ist, sich auszudrücken und logisch-analytisch an seinen verdrängten Ballast heranzutreten, ja selbst wenn er schwerst dement ist, sein Unterbewusstsein ist stets präsent und wird ihn quälen. Und auch wenn er dann vielleicht nicht weiß, was es ist, das ihn nicht zur Ruhe kommen lässt, wird er es als ein unendlich quälendes und diffuses Gefühl empfinden, das ihn daran zu hindern versucht, in Frieden zu gehen.

Unter diesem Aspekt betrachtet erscheint es mir als Gnade, diesen inneren Reifeprozess der fünf Phasen, in denen sehr viel Persönliches an die Oberfläche kommt und angeschaut und verarbeitet werden will, möglichst bewusst zu durchleben. Und dieses Durchleben wird umso besser gelingen, wenn es Menschen gibt, die einem bei diesem schmerzlichen Prozess beistehen und uns durch ihn hindurchhelfen.

Und natürlich sollten wir uns wohl alle die Frage stellen, ob es nicht in Erwartung des eigenen Todes sinnvoll und gerechtfertigt wäre, dafür zu sorgen, dass wir uns drängenden Fragen unseres Lebens rechtzeitig stellen, so lästig dies auch sein mag und so gut es uns im Trubel und Lärm unseres Alltags gelingen mag, unsere Ohren davor zu verschließen.

Außerdem habe ich durch meine Arbeit mit Sterbenden den Eindruck gewonnen, dass diese fünf so charakteristischen Phasen sich nicht ausschließlich auf den Prozess des eigenen Sterbens beziehen. Machen wir nicht alle, vielleicht in ein bisschen abgewandelter oder abgeschwächter Form, diese Phasen durch, wenn wir von einem Verlust, welcher Art auch immer, betroffen sind? Bringt das Aufgeben eines großen Traums, eines großen Ziels oder der Verlust einer für uns sehr wichtigen und bedeutsamen Sache nicht ebensolche Gefühle in ebensolcher Reihenfolge mit sich? Für mich zeigt dies wieder einmal, dass das Sterben mit dem Leben aufs Engste verbunden und ihm einfach zugehörig ist. Heißt es nicht auch: „So wie wir leben, so werden wir auch sterben."

Ich hatte übrigens schon sehr bald nach meiner Kenntnis der fünf Phasen ein beeindruckend anschauliches Erlebnis, das mir zeigte, dass nahezu alles, was im Angesicht des Todes von Bedeutung ist, auch im alltäglichen Leben gilt. Dieses Beispiel „lag" sozusagen direkt vor meiner Haustür:

Mein 15-jähriger Sohn war bei einer seiner unzähligen sportlichen Betätigungen so unglücklich gestürzt, dass er sich einen ziemlich heftigen und äußerst schmerzhaften Bänderriss zuzog. Solche und ähnliche Vorkommnisse sind bei uns nichts Besonderes. Diesmal aber brachte dieser Unfall statt der ansonsten ganz erholsamen „Chill-Tage" zur Wiederherstellung und Genesung des Patienten einen für meinen Sohn schrecklichen Verlust mit sich: Aufgrund seiner Verletzung musste er auf eine Woche Skiurlaub mit seinen Freunden verzichten. Der Schock darüber saß ziemlich tief und anhand seiner Reaktionen machte ich die faszinierende Feststellung, dass er in seinem Verhalten tatsächlich dem von Dr. Kübler-Ross bei Sterbenden beobachteten Verhaltensmuster folgte:

Phase 1: Nicht-wahrhaben-Wollen:
Nach dem Besuch im Krankenhaus und der „niederschmetternden" Diagnose versichert mir mein Sohn:
„Mami, ich bin ganz sicher, dass der Arzt sich geirrt haben muss! Denn eigentlich habe ich gar keine Schmerzen mehr (unterdrückt krampfhaft seine Tränen). Und außerdem, hast du gesehen, der Arzt war ja noch total jung, der kennt sich mit so was sicher noch gar nicht aus. Das kann einfach nicht sein, dass ich vier Wochen (blankes Entsetzen steht in seinen Augen) auf Krücken gehen muss! Da gibt's siiiicheer noch eine andere Lösung ..."

Phase 2: Zorn

Zwei Tage nach dem Unfall. Ich bin in der Küche und höre auf einmal einen ohrenbetäubenden Krach. Aus dem Zimmer meines Sohnes dringen Geräusche, die darauf schließen lassen, dass er im Begriff steht, sein Schlagzeug zu zerstören. Nachdem ich mich vom ersten Schreck erholt habe, schleiche ich die Treppe hoch und werfe vorsichtig einen Blick durch seine nur angelehnte Zimmertür. Da sitzt er mit hochrotem Kopf, schlägt auf sein Schlagzeug ein und brüllt: „Warum immer ich? Immer nur mir passieren solche Sachen! Den anderen nieee! Warum, verdammt noch mal? Warum? Der Kevin ist viel wilder als ich, aber ihm passiert so was nie! Immer nur mir ..." Mein Herz blutet, aber ich weiß, da muss er durch ...

Phase 3: Verhandeln

Fünf Tage nach dem Unfall. Mein Sohn schleicht, soweit es seine Krücken erlauben, auf beängstigende, weil nichts Gutes verheißende Art und Weise um mich herum. Die Spannung wird immer unerträglicher, bis er endlich sagt: „Du Mami, ich hab' mir Folgendes überlegt: Wenn ich schon nicht Ski fahren kann, so könnte ich doch wenigstens mit auf die Hütte ..." Mein kategorisches NEIN unterbricht ihn nur kurz. „Ach Mami, warum denn nicht? Dann könnte ich meine Freunde wenigstens in der Früh und am Abend sehen. Was ist denn schon so schlimm daran? Und ich verspreche dir, ich werde wirklich gaaaanz vorsichtig sein und ich lerne auch, während die anderen auf der Piste sind ... Ehrlich!" Die Schilderung der sich daraus entwickelnden Diskussion möchte ich Ihnen ersparen. Nur so viel: Ich blieb konsequent! Uff!

Phase 4: Depression

Sechs Tage nach dem Unfall. Mein Sohn ist in eine schwere Depression verfallen, die er, würde ich das zulassen, am liebsten nur mit seinem Computer teilen möchte. Er ist blass, sein Gesicht trägt einen unendlich traurigen und melancholischen Ausdruck und nur die Zubereitung seiner Lieblingsspeisen (Ich bin ja kein Unmensch und schließlich weiß ich ganz genau, was „da so abläuft".) lockt ihn aus seiner Isolation. Er ist äußerst schweigsam und zeigt kaum Interesse an seiner Umwelt ... (Ich leide mit ihm, allerdings gibt mir das Wissen, dass auf diese Phase die Phase der Zustimmung folgt, ein wenig Hoffnung ...)

Phase 5: Zustimmung

Zehn Tage nach dem Unfall. Mein Sohn erwacht aus seiner „Erstarrung". Er äußert akute Hungergefühle und das dringende Bedürfnis, sich eine CD seiner Lieblingsgruppe zu kaufen. Er ist noch etwas blass und etwas ernst. Und wenn die Rede auf seine Skiwoche kommt, tritt ein leidender Ausdruck in seine Augen, „Na ja, da kann man halt nichts machen! Ist eben einfach dumm gelaufen ...", ist sein einziger Kommentar dazu. Ich bin erleichtert, denn ich weiß, das Schlimmste hat er nun überstanden.

Auch bei ihm überschnitten sich manche Phasen etwas. Vor allem vermischte sich die Phase des Zorns immer wieder mit den anderen. Interessanterweise hat er diese Phase noch immer nicht ganz überwunden. Aber das liegt wohl daran, dass er fünfzehn ist ...

10. Eine Begegnung der besonderen Art

So wie meine Funktion als Stiftungsmitglied der Bayerischen Stiftung Hospiz mich einerseits immer öfter in „die Öffentlichkeit" brachte, so führte sie mich andererseits auch immer öfter dorthin, wo das Sterben auch tatsächlich stattfindet. Nämlich in die unterschiedlichsten stationären Hospize Bayerns. Im Unterschied zur ambulanten Sterbebegleitung, die den Patienten gilt, die in der vertrauten Umgebung belassen werden können, dient ein stationäres Hospiz jenen Sterbenskranken, die aufgrund ihrer körperlichen Verfassung oder aufgrund familiärer Verhältnisse nicht zu Hause bleiben können. Wer noch nie eine solche Einrichtung gesehen oder besucht hat, kann sich kaum vorstellen, welch zutiefst berührende, menschliche Atmosphäre der Geborgenheit und der Wärme in einem solchen Haus herrschen kann. In nahezu allen Hospizen, die ich während meiner Tätigkeit besucht habe, erhielt ich tiefgehende Eindrücke davon, was ganzheitliche Hospizbetreuung meint und bewirken kann. Eine Atmosphäre der Liebe und Akzeptanz war allgegenwärtig. Ich hatte intensive Begegnungen mit Menschen, die mir, einer für sie Fremden, im Bewusstsein, nur noch Tage oder Stunden an Leben zu haben, ihr Herz öffneten, um mir etwas von ihrer Lebenserfahrung zu schenken. Unvergesslich ist mir die Würde, die sie ausstrahlten, womit ich – wie Sie wissen – die Einzigartigkeit jeder Persönlichkeit und jedes Menschen meine.

Darauf zu achten, dass die Würde eines Menschen nicht verletzt wird, ist wohl in keinem Augenblick eines Menschenlebens wichtiger als in seinen letzten Tagen und Stunden.

Jede Hospizhelferin und jeder Hospizhelfer weiß, dass das Schweigen oder das schlichte Dasein oft schon die größte Hilfe für einen kranken, einen sterbenden Menschen ist. Ehrenamtliche Hospizhelfer und Hospizpflegekräfte bringen sich von Mensch zu Mensch in die Begleitung von Schwerkranken und ihren Angehörigen ein. Sie teilen die Lebenswelt der Betroffenen und verdeutlichen durch ihre freiwillige Zuwendung, dass sterbende Menschen und deren Angehörige zu uns und in unsere Gesellschaft gehören.

Die Hospize, die ich mittlerweile kennenlernen durfte, zeichnen sich alle dadurch aus, dass sich der Besucher von dem Augenblick an, in dem er ein solches Haus betritt, willkommen und erwünscht fühlt. Alles ist darauf ausgerichtet, eine warme und heimelige Stimmung hervorzurufen. Dies fängt bei der Einrichtung an und hört bei der herzlichen und freundlichen Ausstrahlung der Menschen auf, die ein Hospiz betreiben. Unweigerlich färbt dies auf die Sterbenskranken und deren Angehörige ab. Hier herrschen keine Eile und keine hektische Betriebsamkeit, denn hier gehen die Uhren anders und die Zeit hat einen anderen Wert. Auch in den Patientenzimmern weist augenscheinlich nichts auf die meist endgültige Situation des Patienten hin. Es ist beinahe so, als ob man im Haus einer lieben Bekannten auf Krankenbesuch wäre, und man muss schon ganz genau hinsehen, um die medizinischen und pflegerischen Apparate, die stets für Notfälle bereitstehen, zu entdecken und als solche zu identifizieren.

Über die Theorie der Hospizpflege und die der Hospizbewegung wusste ich schon eine ganze Menge, doch all dieses Wissen dann auch tatsächlich in die Tat umgesetzt zu sehen, berührte mich zutiefst. Es gibt in unserem Leben so viele schöne und gute und wichtige Ideen, so viele Träume und Vorstellungen von einer besseren und lebenswerteren Welt. Doch wie viele dieser Ideen, dieser Träume und Vorstellungen werden tatsächlich wahr? Wie oft durchläuft jeder von uns im Laufe seines Lebens die „fünf magischen Phasen des Abschiednehmens", weil wir erkennen müssen, dass die meisten guten und schönen Dinge, ja selbst die besten Ideale in dieser Welt, scheinbar oftmals zum Scheitern verurteilt sind.

Ich möchte nicht den Eindruck erwecken, schwärmerisch und blauäugig zu sein. Ich kann Ihnen hier nur von meinen ganz persönlichen Erfahrungen und Eindrücken berichten und versuchen, Sie daran teilhaben zu lassen. Ich habe diese Hospize wirklich so empfunden, wie ich sie Ihnen beschreibe. Und glauben Sie mir bitte, ich habe dort, wo der Tod stets allgegenwärtig und angenommen ist, wirklich verstanden, nein besser, empfunden, was das Wort „Ubi caritas et amor, ibi deus est." bedeutet. Man muss es einfach erlebt haben, denn es ist sehr schwierig, Empfindungen in Worte zu fassen und glaubhaft zu vermitteln. Für mich zählen meine Besuche in diesen Heimen zu den berührendsten und wahrhaftigsten Erfahrungen, die ich je machen durfte. Echte Menschlichkeit und Nächstenliebe so bewusst und selbstlos gelebt zu sehen, ist eine Gnade, nicht nur für den im Mittelpunkt des Geschehens Stehenden, sondern auch für den Betrachter. Ich denke, dass Cicely Saunders und David Tasma glücklich wären, wenn sie sehen könnten, dass ihre Vision zumindest teilweise Gestalt angenommen hat und zum Segen vieler Menschen besteht und wirkt. Aber vielleicht wissen die beiden dies ohnehin.

Eine Begegnung der ganz besonderen Art, die ich in einem Hospiz machen durfte, möchte ich Ihnen nicht vorenthalten, weil sie einfach so berührend war und ich immer wieder gerne daran zurückdenke:

Ich war in Begleitung einiger für die Hospizbewegung sehr bedeutender Persönlichkeiten „in Sachen Bayerische Stiftung Hospiz" unterwegs und auf dem Programm stand unter vielem anderen auch der Besuch eines Hospizes und seiner Patienten. Da wir unter ziemlichem Zeitdruck standen, war uns bewusst, dass wir uns dort nicht allzu lange aufhalten konnten. Dennoch freute ich mich schon sehr auf diesen Besuch, denn nach stundenlangen Vorträgen und Diskussionen zum Thema Hospizbewegung sehnte ich mich danach, die gelebte und wahrhaftige Seite zu sehen. Wir wurden herzlich begrüßt und die umsichtigen Leiter des Hospizes führten uns in die einzelnen Zimmer. Welches Zimmer wir auch betraten, stets schlug uns dieselbe friedvolle Stimmung entgegen. Die sterbenskranken Menschen, die wir dort kennenlernen durften, saßen oder lagen in den gemütlich eingerichteten Zimmern und freuten sich sichtlich über unser Kommen.

So seltsam das auch klingen mag, doch nach den hektischen und angespannten Stunden, die hinter mir lagen, war die Atmosphäre der heiteren Gelassenheit für mich fast eine Erholung. Wir plauderten mit den Schwerkranken, erkundigten uns nach deren Befinden und beantworteten die Fragen, die uns gestellt wurden.

In einem der Zimmer erwartete uns bereits sehnsüchtig eine zierliche alte Dame, die hoch aufgerichtet, mit vor Aufregung rot leuchtenden Bäckchen zwischen stützenden Kissen in ihrem Bett saß. Sie war sich unseres Besuches durchaus bewusst und freute sich augenscheinlich sehr über unser Erscheinen. Höflich bat sie uns, auf den bereits zu diesem Zweck vorbereiteten Stühlen neben ihrem Bett Platz zu nehmen. Ich sah, wie einer meiner Begleiter verstohlen auf seine Uhr blickte und mir war bewusst, dass wir unseren Zeitplan schon lange gesprengt hatten. Als sich unsere Blicke trafen, verständigten wir uns jedoch wortlos und kamen überein, dass alles andere warten konnte. Dass im Augenblick nichts wichtiger war als dieser aufgeregten und freudigen Dame unsere ganze Aufmerksamkeit und vor allem unsere Zeit zu schenken – wie viel davon auch nötig sein mochte.

So nahmen wir Platz und waren schon bald in eine angeregte Unterhaltung vertieft, die zielstrebig und recht direkt von der alten Dame geführt und geleitet wurde. Als wir sie danach fragten, wie sie sich denn im Hospiz fühle, war es, als hätte sie nur auf diese eine Frage gewartet. Sie richtete sich noch aufrechter in ihrem Bett auf. Ihre Augen blitzen und im Brustton der Überzeugung sagte sie: „Also wissen Sie! Also das muss ich Ihnen schon sagen, es ist sooo schön hier. Wirklich! Ich fühle mich hier sooo wohl! Nein, also es könnte gar nicht schöner sein! Und alle, wissen Sie, wirklich alle sind so nett und zuvorkommend und immer gut aufgelegt! Das können Sie sich gar nicht vorstellen! Es ist einfach unglaublich!" Meine Begleiter und ich nickten lächelnd und wollten unsere Freude darüber auch verbal zum Ausdruck bringen, doch so weit kamen wir gar nicht, denn schon ging der Redefluss der begeisterten Patientin weiter: „Na und dann erst das Essen! Also das Essen, das ist wirklich außerordentlich gut. Und immer ist genug da, und wenn wir noch etwas möchten, dann ist das auch kein Problem ... Also glauben Sie mir, wir könnten es gar nicht schöner haben hier!" Als sie zum Luftholen ansetzte, sah ich endlich eine Möglichkeit, auch etwas zu sagen, und meinte, wie sehr es uns freue, dass sie sich hier augenscheinlich so wohl und aufgehoben fühle.

„Ja, ja", nickte sie zustimmend, das tue sie wohl und sie wisse auch ganz genau, dass das nicht selbstverständlich sei. Sie stockte einen Augenblick, so als ob sie angestrengt nachdachte. Wir waren gespannt, was nun folgen würde, denn dass das noch nicht alles gewesen war, merkten wir an ihren Bäckchen, die sich nochmals um eine zarte Nuance röteten. Wir hatten uns nicht getäuscht, denn sie fuhr mit vor Aufregung leicht zitternder Stimme fort: „Wissen Sie, wir bekommen ja nicht alle Tage so wichtigen Besuch wie heute! Und, na ja, wenn Sie schon einmal hier sind, ich meine, Sie haben doch einen gewissen Einfluss ... Ich meine, Sie haben ja sozusagen Kontakte zur höchsten Stelle." Unsere Spannung stieg angesichts dieser interessanten Wende in ihrem Gesprächsfluss und wir rückten noch ein kleines Stückchen näher an sie heran.

„Wie meinen Sie das?" Sie zierte sich ein bisschen, ehe sie mit ihrem Anliegen herausrückte: „Schauen Sie, es ist wirklich wunderschön hier." Wir nickten wissend und forderten sie mit einem leicht fragendem „Ja?" zum Weiterreden auf. „Aber sehen Sie, nicht dass Sie mich falsch verstehen ..." Wir verneinten diese Eventualität spontan: „Bestimmt nicht! Sprechen Sie nur weiter!" Beruhigt schnappte sie nach Luft und wir machten uns schon auf irgendetwas Ungeheuerliches und scheinbar Unaussprechliches gefasst, als sie uns, diesmal beinahe flüsternd, Folgendes anvertraute: „Die Klingeln, Sie verstehen mich schon recht, oder?" Wir verbargen unser Unverständnis gekonnt: „Selbstverständlich! Aber sprechen Sie doch bitte weiter ..." „Also die Klingeln, die sind so hoch angebracht!" Mit ihrem zerbrechlichen Arm wies sie auf die über ihrem Bett hängende Notfallklingel und ein Leuchten der Erkenntnis durchzuckte uns. „Ah, die Klingeln!" „Ja, die sind eben so hoch, da kommt man nachts so schlecht dran ... Könnten Sie da nicht irgendwas machen?" Ihr Gesichtsausdruck hatte nun beinahe etwas Flehendes, aber wirklich nur beinahe, denn als wir beteuerten, dass sich da gewiss „etwas machen ließe", strahlte sie über das ganze Gesicht und teilte uns blitzschnell mit, dass die Teppiche dringend eine Rutschsicherung bräuchten und dass es doch zu schön wäre, wenn es im Aufenthaltsraum noch einen bequemen Ohrenstuhl gäbe, und ein paar Leselampen mehr könnten auch nicht schaden, ganz abgesehen davon, dass Sonnenjalousien vor den Fenstern im Sommer auch sehr praktisch wären, und und und ... Als sie schließlich die Liste ihrer Verbesserungsvorschläge vorgebracht hatte, sank sie mit einem zufriedenen Seufzer in ihr Kissen zurück und schloss mit den Worten: „Aber das Allerbeste wäre, wenn Sie bitte dafür Sorge tragen könnten, dass alle Bäder hier von Grund auf erneuert und saniert würden! Die sind nämlich nicht mehr wirklich auf dem neuesten Stand."

Als wir uns schließlich von der nun doch etwas erschöpft wirkenden Dame verabschieden mussten, natürlich nicht, ohne ihr zuvor noch zu beteuern, dass wir all ihre Wünsche an die „höchste Stelle" weiterleiten würden, bedauerte ich es beinahe, schon wieder gehen zu müssen. Diese Patientin, die vielleicht nur noch ein paar Wochen, vielleicht bloß Tage zu leben hatte, hatte mich mit ihrer Begeisterungsfähigkeit beeindruckt. Wie viel Überwindung und Kraft hatte es sie wohl gekostet, all ihre Wünsche ganz offiziell anzubringen? Und wie sehr mochte sie sich wohl den Kopf darüber zerbrochen haben, welche Anliegen sie am besten vorbringen sollte. Und wie sie dies wohl taktisch am geschicktesten und unauffälligsten bewerkstelligen könnte. Mich rührte diese Dame, der so viel daran lag, den Ort, an dem sie sich augenscheinlich wirklich wohlzufühlen schien, noch besser und noch komfortabler zu gestalten, ungeachtet der Tatsache, dass sie dies vielleicht gar nicht mehr erleben würde.

Seit ich meine Funktion als Stiftungsmitglied der Bayerischen Stiftung Hospiz innehabe, mache ich immer wieder die Erfahrung, dass ich mich am wohlsten fühle, wenn ich direkt vor Ort, also in den Hospizen selbst bin. Nicht dass mich die öffentliche Seite der Hospizbewegung nicht ergriffe oder womöglich nicht interessierte. Dies ist ganz gewiss nicht der Fall, da ich genau weiß, wie wichtig es ist, die Öffentlichkeit für die Belange der Hospizbewegung zu sensibilisieren. Doch ich persönlich suche seit jeher bewusst den direkten menschlichen Kontakt und ziehe ihn jeder Großveranstaltung in der Öffentlichkeit vor, so wichtig sie auch sein mag.

Es sind für mich die kleinen, oftmals unscheinbaren Augenblicke, die in einer zufälligen Begegnung liegen können, die mir immer wieder vor Augen führen, was Menschsein bedeutet und bedeuten kann. Es ist nicht einfach, mit Worten zu beschreiben, was ich damit meine. Vielleicht lässt es sich wieder einmal am besten mit einem Bild veranschaulichen: Ich bin davon überzeugt, dass wir mit jedem Menschen, dem wir uns bewusst und mit allen Sinnen zuwenden, eine besondere Art der Beziehung eingehen. Ich stelle mir das so vor, dass unsere innere Einstellung dazu in der Lage ist, ein unsichtbares, aber sehr wirkungsvolles Netz zu diesem Menschen zu knüpfen, über das das gegenseitige Fremdsein und das Anderssein überbrückt werden können. So wird es möglich, dass wir einander nicht nur visuell, akustisch und haptisch wahrnehmen, sondern dass wir all das erfassen können, was diesen einen Menschen ausmacht – und damit meine ich auch sein geistiges Sein.

11. Glücksbringende Momente

Ich weiß, dass dies für jede Begegnung zwischen Menschen gilt, egal ob sie nun jung oder alt, krank oder gesund sein mögen. Und doch habe ich die Erfahrung gemacht, dass gerade in der Begegnung mit Schwerstkranken und Sterbenden eine ganz besondere und eigene Qualität liegt. Diese Menschen tragen keine Masken, sie müssen sich nicht mehr verstellen. Sie wissen und spüren instinktiv, dass sie sich diesen „Luxus" nicht mehr leisten können und auch gar nicht mehr leisten wollen. Der Tod beraubt uns jeder Maske und bringt unser wahres Angesicht und Sein zum Vorschein. Da wird jeder Augenblick in einer menschlichen Begegnung zu einem kostbaren Geschenk und einer ganz besonderen Gabe. Mir haben Sterbende einige solcher Augenblicke geschenkt und ich kann ohne Übertreibung sagen, dass ich sie als so intensiv erlebt habe, als würde ich der ewigen Wahrheit ins Auge schauen. Solche Momente können so tiefgehend sein, dass sie das Christuswort „Was ihr dem geringsten meiner Brüder tut, das habt ihr mir getan ..." (Mt 25,40) zumindest für einen flüchtigen, aber umso kostbareren Augenblick lebendig und erfahrbar machen.

Zu glauben oder, besser gesagt, sich einzubilden, dass nur wir, die Gesunden, den Kranken etwas zu geben haben, ist nicht nur anmaßend, sondern vor allem grundfalsch. Gewiss, wir schenken Fürsorge, wir schenken Zeit, wir schenken Anteilnahme, vielleicht schenken wir auch ein bisschen von uns selbst, doch verglichen mit dem, was ein Schwerstkranker, ein Sterbender zu geben hat, erscheint mir all dies noch immer sehr wenig zu sein. Es ist mir wichtig, Ihnen nahezubringen, was es ist, das mich in der Begegnung mit Menschen, die im Sterben liegen, so tief berührt, dass ich schon oft das Empfinden hatte, das Krankenbett eines solchen Menschen reicher zu verlassen, als ich gekommen war. Dass ich das Gefühl hatte, dass alles, was ich zu geben habe, im Vergleich zu dem, was ein Sterbender bereithält, billig und wertlos ist. Vielleicht bedeuten mir diese ganz besonderen Begegnungen deshalb so viel, weil ich in den Augen, in dem Blick mancher Sterbender etwas entdecken und erkennen konnte, das mir zu Bewusstsein brachte, wie sehr wir Menschen in den ewigen Zyklus des Werdens und Vergehens, des Kommens und des Gehens eingebunden sind. Dass es wider unsere eigene und die Natur allen Seins ist, uns gegen dieses Naturgesetz zu wehren und dagegen aufzubegehren. Wir alle folgen, so wie jedes Lebewesen, wie jede Pflanze, dem urewigen Rhythmus dieser Schöpfung. Wir sind Gesetzen unterworfen, die wir nicht umstürzen können und dürfen, weil sie nur zu unserem Besten und zu unserem Wohle sind, auch wenn unser Verstand nicht in der Lage zu sein scheint, dies anzunehmen und zu akzeptieren. Manche Sterbende tragen dieses Wissen tief in sich, vielleicht weil sich in den Augenblicken des Sterbens der Vorhang ihres Bewusstseins zu heben beginnt und sie Dinge erkennen, die wir nicht erfassen können, solange wir im prallen Leben stehen.

Nächstenliebe, der Dienst am anderen, stellt in vielen Kulturen und Religionen ein Gebot dar, an das der Mensch sich zu halten hat. Das ist gut und richtig so, denn scheinbar brauchen wir Gebote, Gesetze oder einfach „Gebrauchsanweisungen", die uns einen Weg vorzeigen, der unser Leben klar strukturiert und gut nachvollziehbar erscheinen lässt. Einen Weg, der uns, wenn wir ihn konsequent beschreiten, in eine bessere, lichtere und schönere Zukunft führen kann.

Allerdings stelle ich mir die Frage, wie das mit der „Nächstenliebe" denn nun wirklich ist. Wenn wir einem leidenden Menschen begegnen, der offensichtlich in Not ist, was spielt sich da eigentlich in unserem Kopf ab, bevor wir diesem Menschen, wenn wir es überhaupt tun, zur Hilfe kommen? Es kommt ja immer wieder vor, dass sich Kinder oder gebrechliche alte Menschen auf öffentlichen Straßen und Plätzen verletzen und dies dann auch für alle Passanten von Weitem erkennbar ist. Ich bin sicher, dass Sie eine solche oder ähnliche Situation schon erlebt haben und dass auch Ihnen folgende Reaktionen geläufig sind:

Ein alter Herr ist gestolpert und sitzt nun verwirrt auf dem Boden.

Passant X zu Passant Y: „Du schau mal, der blutet ja. Ob er sich verletzt hat?"

Passant Y zu Passant X: „Na ich weiß nicht. Es sieht nicht so aus, als ob es was Ernstes wäre."

Passant X: „Was meinst Du? Sollten wir was tun?"

Passant Y: „Ach nein, das geht uns doch nichts an. Dem geht es sicher gleich wieder besser."

Mehr und mehr Passanten versammeln sich um den alten Mann, der immer noch verwirrt und blutend auf dem Boden sitzt. Spekulationen und Überlegungen, was dem Mann wohl passiert sein mag, werden laut. Wildfremde kommen miteinander ins Gespräch. Erfahrungen werden ausgetauscht:

Passant Z: „Also meiner Oma ist neulich auch so etwas passiert ..."

Passant X: „Was Sie nicht sagen! Ja wie ist denn das gekommen?"

Eine Stimme aus der Menschenmenge wird laut: „Hat jemand den Notarzt gerufen?"

Befremdetes Schweigen macht sich breit.

Passant Y: „Arzt? Ist denn das nötig?"

Passant Z: „Also bei meiner Oma war es ganz anders ..."

Die Menschenmenge nimmt erleichtert den Faden der so unliebsam unterbrochenen Unterhaltung wieder auf. Alle reden durcheinander, alle unterhalten sich prächtig. Keiner tut etwas. Der alte Mann ist in der Zwischenzeit ohnmächtig geworden ...

Ich weiß, dass ich diese Situation überspitzt darstelle, aber es ist wohl eine Tatsache, dass es diese und ähnliche Situationen wirklich gibt, tagtäglich und überall. Ein anderes Extrem ist bei Menschen zu beobachten, die sich glückselig auf jeden stürzen, der auch nur annähernd den Verdacht weckt, Hilfe, welcher Art auch immer, zu benötigen. Es spielt dabei keine Rolle, ob dies den Tatsachen entspricht oder nicht. Aus einem Gefühl heraus, dazu berufen zu sein, jedem Bedürftigen zu helfen, wird jede Gelegenheit wahrgenommen, seine Hilfe anzubieten. Dabei ist unwesentlich, wem und aus welchem Grund geholfen wird. Im Vordergrund steht die Überzeugung: Jede gute Tat bringt mich dem Paradies ein Stückchen näher, und zwar mich und nur mich! Die anderen, die nicht so geflissentlich und effizient nach guten Werken Ausschau halten, natürlich nicht. Der „Nächste", dem da geholfen wird, wird somit zum Mittel zum Zweck, was ihm aber doch zumindest ein gewisses Maß an Sympathie und Dankbarkeit einbringt ... Auch diese Einstellung ist für mich etwas fragwürdig. Wobei jene, die diese Einstellung in sich tragen, zumindest etwas tun. Das steht außer Frage.

Und dennoch! Gebote hin, Gebote her! Sollte es nicht ein tief in uns verwurzeltes Bedürfnis sein, einem Menschen, der in Not ist, zu helfen. Zu helfen, ohne zu fragen, ob dies zu unserer Pflicht gehört. Zu helfen, ohne zu fragen, welchen Nutzen es uns bringt und welche Vorteile, irdischer oder geistiger Art, wir daraus ziehen können. Einfach zu helfen, weil uns der Anblick des Leids, das der andere trägt, schmerzt. Weil wir gar nicht anders können, als zu Hilfe zu eilen. Und zwar lange bevor unser Verstand überhaupt mit all seinen Überlegungen und Fragen nach dem Warum und Wieso eine Chance hat, uns am Helfen zu hindern oder gar davon abzuhalten. Weil unser Herz einfach schneller ist. Für mein Empfinden müsste ein solches Verhalten ein ganz natürlicher, menschlicher Reflex sein, dem zu folgen ebenso natürlich und menschlich ist.

Warum aber klappt das dann nicht? Und wenn, dann immer so ein bisschen verquer! Kann es sein, dass irgendetwas mit unseren Herzen, mit unserem natürlichen Empfinden nicht mehr stimmt? Wann und wo haben wir eigentlich aufgehört, es als das Natürlichste auf dieser Erde anzusehen, unserem Nächsten in seiner Not beizustehen? Wer hat uns eigentlich eingeredet, dass ein solches Verhalten nicht nur ineffizient und zeitraubend, sondern sogar ein klein bisschen naiv und leicht dümmlich ist? Wer hat uns eingeredet, dass Hilfsbereitschaft und Nächstenliebe nichts bringen, altmodisch und total überholt wirken, also auch noch unattraktiv sind. Dass das ja für solche ganz nett sein mag, die pensioniert oder arbeitslos sind oder sonst nichts Besseres zu tun haben. Damit die Armen eben auch das Gefühl haben, noch irgendwie gebraucht zu werden ...

Wie kommen wir zu solchen Meinungen? Die Ausrede, dass die Gesellschaft wieder daran schuld ist, die gilt nicht. Denn wie schon so oft betont: Die Gesellschaft sind wir!

Natürlich wäre es falsch verstandene Nächstenliebe, wenn wir uns vor lauter überfließendem Mitgefühl so intensiv in den Dienst am Nächsten verrennen, dass wir nebenbei unsere eigenen Kinder und Familienmitglieder vernachlässigen. Dass dieser Schuss nach hinten losgeht, ist klar. Jeder Mensch muss für sich selbst, nach eigenem Ermessen und eigenen Möglichkeiten abwägen, wie und auf welche Art und Weise er der Nächstenliebe dienen will und kann. Die Möglichkeiten dazu sind so vielfältig, wie es Menschen gibt. Und es braucht nicht immer eine öffentlich verliehene Ehrung, um sein Tun unter Beweis gestellt zu sehen. Es gibt unzählige „Helden", die im Verborgenen, sozusagen unter Ausschluss der Öffentlichkeit, Großes leisten. Ihnen gelten meine Hochachtung und mein inniger Dank. Es macht mir Angst, mir vorzustellen, wie es um uns bestellt wäre, wenn es diese Menschen nicht gäbe.

Wir sollten uns einfach einmal die Zeit nehmen, über unsere persönliche Einstellung zu diesem Thema nachzudenken. Dabei ist mir ganz besonders wichtig, dass wir uns bewusst sind, dass gelebte Nächstenliebe sich nicht im Geben erschöpft. Denn dank der Hospizbewegung habe ich die wunderbare Erfahrung gemacht, dass alles, was wir einem anderen aus tiefer innerer Überzeugung und aus ganzem Herzen an Gutem tun, in wunderbarer Art und Weise umgewandelt und bereichernd zu uns zurückkehrt. Glauben Sie mir bitte! Ich selbst habe das erfahren und möchte diese Bereicherung für mein Leben nicht mehr missen. Es ist ein Trugschluss zu glauben, dass ein Schwerstkranker, ein Sterbender nichts zu geben hat. Ganz im Gegenteil, irgendwann stellt sich sogar die Frage, wer hier eigentlich der Gebende und wer der Nehmende ist ... Eine tiefe innere Freude und das Gefühl einer wahrhaftigen Bereicherung kann in einer solchen Wechselwirkung zwischen Menschen liegen.

Die Worte Khalil Gibrans, die im Büchlein „Der Prophet" zum Thema „Geben" stehen, haben mich in meinen Gedanken zu diesem Thema begleitet. Einen kleinen Auszug möchte ich Ihnen an dieser Stelle unbedingt nahebringen, denn hier geht es genau um die Menschen, die scheinbar immer nehmen:

Ihr sagt oft: „Ich würde geben, aber nur denen,
die es verdienen."
Die Bäume in eurem Garten sagen das nicht
und auch nicht die Herden auf eurer Weide.
Sie leben, um zu leben, denn zurückhalten hieße vergehen.
Wer seiner Tage und Nächte würdig ist, ist sicher auch würdig,
von euch alles andere zu empfangen.
Und wer es verdient, aus dem Meer des Lebens zu trinken,
verdient es auch, seinen Kelch in eurem Bach zu füllen.
Und welcher Verdienst könnte größer sein als der,
der im Mut und im Vertrauen, ja in der Barmherzigkeit des
Empfangens verborgen liegt?
Und wer seid ihr, dass Menschen gewaltsam ihr Herz öffnen
und ihren Stolz euch enthüllen, damit ihr Wert nackt vor
euch liegt
und ihr Stolz bar jeder Scham?
Gebt nur erst acht, dass ihr selbst es verdient,
ein Gebender zu sein und ein Werkzeug des Gebens.
Denn in Wahrheit ist es das Leben, das dem Leben gibt –
Während ihr selbst, die ihr euch für Gebende haltet, nur
Zeugen seid.
Und ihr, die ihr empfangt –
und ihr seid sämtlich Empfangende –,
bürdet euch nicht die Last der Dankbarkeit auf
oder ihr zwängt euch selbst in ein Joch und genauso den
Gebenden.
Steigt lieber gemeinsam mit dem Gebenden
auf seinen Gaben empor wie auf Flügeln.
Denn seid ihr euch eurer Schuldigkeit zu sehr bewusst,
dann zweifelt ihr am Großmut desjenigen,
der die freiherzige Erde zur Mutter und Gott zum Vater hat.

Mit anderen Menschen in Beziehung zu treten, bringt auch Verantwortung mit sich. Verantwortung hat für viele Menschen einen unangenehmen Beigeschmack. Es klingt so nach Pflicht und Bürde. Doch wir sollten uns vor Augen führen, dass wir als Mensch ohne Beziehungen verkümmern. Und jeder, der das Gegenteil behauptet, ist in seiner Verkümmerung schon ziemlich weit fortgeschritten. Wir alle wissen, dass Neugeborene ohne menschlichen Kontakt und ohne menschliche Berührung sterben, selbst wenn Nahrung in ausreichendem Maß vorhanden ist. Auch Erwachsene sterben innerlich und werden äußerlich krank, wenn sie keine menschlichen Bindungen und Beziehungen haben. Gewiss können wir uns eine Zeit lang von unserem inneren Überlebenshunger ablenken, ihn verdrängen und verleugnen. Aber irgendwann wird das jedem Menschen innewohnende Bedürfnis nach menschlicher Zuneigung und Zuwendung so groß und übermächtig, dass es sich, wenn wir ihm nicht beizeiten Folge leisten und es ernst nehmen, Wege frei bricht, die möglicherweise Schaden anrichten und Schmerzen verursachen können.

In der Verantwortung, die wir für einen anderen Menschen übernehmen, liegt ein großes Dankeschön verborgen. Dieses Dankeschön bringt zum Ausdruck, dass wir uns darüber im Klaren sind, dass unser eigenes Leben sehr viel ärmer und kälter wäre ohne den anderen. Und dass es uns ein tiefes, inneres Anliegen ist, diesen anderen zu schützen, zu fördern, ihm Gutes zu tun, ihn in seinem Sein und in seiner Entwicklung zu unterstützen und zu begleiten. Eben Verantwortung für ihn zu übernehmen. Weil wir wissen, was der andere uns wert ist. Weil wir wissen, dass er uns und unser Leben reicher macht. Erst wenn wir erkennen und uns eingestehen, dass das „lonely-hero-Image" des einsamen Kämpfers, der keinen braucht und der sich selbst genügt, nichts anderes ist als die uneingestandene Angst vor Verletzung, erst dann können wir uns vielleicht auch eingestehen, dass Menschen nun mal auf Menschen angewiesen sind.

Wir dürfen keine Angst haben vor wahrhaftigen Begegnungen und echten Beziehungen. Auch wenn diese nicht immer nur ausschließlich Freude und Bereicherung mit sich bringen, sondern eben auch Sorge, Mitgefühl und Mitleid in uns wecken. Das tut weh, das ist unangenehm, das raubt uns manches Mal den Schlaf, zeitweise vielleicht sogar den Verstand. Doch so wie Leben ohne Sterben nicht möglich ist, so ist auch Mensch-Sein ohne Schmerz nicht möglich. Und so wie wir den Tod nicht aus unserem Leben ausschließen können, so können wir auch all die leidvollen Momente und Gefühle, die menschliche Beziehungen und Bindungen mit sich bringen, nicht aus unserem Dasein ausschließen. Der Versuch, es dennoch zu tun, aus Furcht, „dem allen nicht gewachsen zu sein", „damit nicht klarkommen zu können", ist nichts anderes als eine Lebensverneinung, die emotionale wie körperliche Isolation und Verkümmerung zur Folge hat. Wann werden wir endlich erkennen, dass Mensch-Sein und die damit verbundene Menschlichkeit keinen Verlust sondern bloß Gewinn beinhaltet? Auch wenn es manchmal weh tut. Denn der Mensch reift und wächst nicht im Zustand der Sorgenfreiheit und der vollkommenen Unbeschwertheit. Ganz im Gegenteil. Ich bin froh, dass ich erkannt habe, dass jeder Einzelne von uns zum Mensch-Sein und zur Menschlichkeit berufen ist. Nicht als Strafe, sondern als Geschenk.

12. Ein Weihnachtswunder

Ich habe es mir seit einigen Jahren zur Gewohnheit gemacht, jedes Jahr am späten Nachmittag des 24. Dezember einem Münchner Hospiz einen Weihnachtsbesuch abzustatten. Dieser weihnachtliche Besuch ist mir zu einer lieben Gewohnheit geworden und es bedeutet mir sehr viel, stets von einem meiner Söhne begleitet, von Zimmer zu Zimmer zu gehen, mit den Menschen ein wenig zu plaudern und eine kleine weihnachtliche Aufmerksamkeit zu überreichen.

Wie viele andere Hausfrauen und Mütter habe auch ich am Heiligabend noch eine Menge zu organisieren und so passiert es mir oft, dass ich, während ich schon die Tür des Hospizes öffne, um meinen Besuch anzutreten, noch einmal kurz überlege, ob ich auch wirklich alles erledigt habe. Doch diese Gedanken treten sofort in den Hintergrund und werden von der andächtigen Stille und Feierlichkeit verdrängt, die mich erfasst. Mit den Jahren habe ich erfahren, dass die Uhren im Hospiz anders gehen. Hier ist die Zeit kein Feind, sondern ein Geschenk. Die Leitung des Hospizes und die freundlichen Schwestern empfangen mich immer herzlich und gemeinsam mit ihnen öffnet sich mir nun Tür um Tür. Hinter jeder Türe, in jedem Zimmer, das ich Jahr für Jahr betrete, erwartet mich ein besonderer Mensch. Ein Mensch mit einer ganz persönlichen Geschichte, der seinen Weg gegangen ist. Ein Mensch, der sein Leben gelebt hat, so gut er es eben konnte, und der nun an der Schwelle zu einem neuen Leben steht. Beinahe komme ich mir wie ein Eindringling vor. Was kann ich den Patienten im Angesicht des Todes schon bieten? Kleinigkeiten bloß: ein Lächeln hier, einen

Händedruck dort, ein paar Worte, einen Tannenzweig mit einer kleinen Kerze. Wenn ich den Menschen dann in die Augen schaue, dann spüre ich jedes Jahr, dass hier nicht ich es bin, die etwas zu geben hat. Diese Menschen lassen mich erahnen, was Würde ist und Achtung, Menschlichkeit und Leben. Und ich erkenne jedes Jahr aufs Neue: Hier bin ich es, die ihr schönstes Weihnachtsgeschenk empfängt. Denn erst hier und erst jetzt ist wirklich Heilig Abend für mich.

Im Jahr 2006 aber war alles ganz anders und daran war meine Mutter nicht ganz unbeteiligt. Wie alle Jahre verbrachten meine Eltern die Weihnachtstage bei uns, was für mich stets eine besondere Freude und auch Erleichterung bedeutet. Denn viele Hände schaffen viel, wie es so schön heißt, und die Anwesenheit von Großeltern hat auf Enkelkinder meist einen positiven Einfluss, was wiederum die ohnedies schon genervten Eltern entlastet und beruhigt. Die Vorweihnachtszeit und die Feiertage verlaufen bei uns wohl so ähnlich wie in den meisten Familien. Ich habe den schweren Verdacht, dass der Monat Dezember ganz einfach weniger Tage hat, als im Kalender stehen (Wahrscheinlich fängt das Weihnachtsgeschäft genau aus diesem Grund bereits im September an, um die fehlenden Verkaufstage wieder reinzubringen ...), dass die Zeit viel schneller vergeht als sonst und überhaupt: Finden Sie nicht auch, dass Weihnachten immer so überraschend kommt?

Alle Jahre wieder, im wahrsten Sinne des Wortes, war ich mit allem zu spät dran, klammerte mich aber an die verzweifelte Hoffnung, dass es mir irgendwie noch gelingen würde, alles zu schaffen, was ich mir so vorgenommen hatte (wie immer viel zu viel ...). Es war der 24. Dezember und zumindest hatten wir den Christbaum bereits in der Nacht zuvor geschmückt. Immerhin etwas, das schon erledigt war. Von friedlicher Weihnachtsstimmung konnte jedoch gar keine

Rede sein. Zwei meiner drei Söhne lagen mit Magen-Darm-Verstimmung im Bett und ließen ihre Enttäuschung und Wut darüber, dass sie sich ausgerechnet am 24. Dezember so elend fühlten, hauptsächlich an mir aus. Mein dritter Sohn litt unter einem akuten Schub von Lampenfieber wegen des bevorstehenden Krippenspiels und wollte sich nicht beruhigen lassen. Der Weihnachtsbraten drohte auseinanderzufallen, weil ich wieder einmal die Zeit übersehen hatte und ich wollte in einer knappen halben Stunde meinen jährlichen Weihnachtsbesuch im Hospiz antreten. An sich war das kein echtes Problem, bloß wusste ich vor lauter Weihnachtshysterie nicht, was ich anziehen sollte. So stand bzw. hüpfte ich also hilf- und ratlos durch mein Zimmer und stand im Begriff, das dritte Outfit anzuprobieren, als meine Mutter plötzlich gestiefelt und gespornt wie aus dem Nichts auftauchte und mit entschlossener Miene vor mir stand. Ich traute meinen Augen nicht! Eigentlich hatte ich meine Eltern zu einer Ruhepause verdonnert, einerseits um ihre Nerven angesichts des häuslichen Chaos zu schonen, andererseits, um ihnen den Anblick ihrer gestressten Tochter zu ersparen. Von Ruhepause konnte allerdings keine Rede sein, denn meine Mutter teilte mir kurz und knapp mit, dass sie sich, nachdem sonst niemand in Frage komme, dazu entschlossen habe, mich in das Hospiz zu begleiten.

Auf diesen Schock fand ich erstaunlicherweise auf Anhieb eine passende Garderobe, während ich versuchte, meiner Mutter klarzumachen, dass dies ja wohl gar nicht in Frage komme. „Das ist viel zu anstrengend für dich! Viel zu emotional und zu berührend! Außerdem: Wer passt auf die Kinder auf? Wer rettet den verlorenen Braten? Wer hält die Stellung?" Auf jedes Argument wusste meine Mutter eine passende Antwort und brachte mich schließlich mit der Feststellung „Und außerdem habe ich mich schon angezogen, und

wenn Du Dich nicht endlich beeilst, kommen wir zu spät!"
zum Schweigen.

Da half kein Widerspruch, das war mir klar. Und obendrein kannte ich meine Mutter viel zu gut und wusste, dass
sie nur schwer von einmal gefassten Entscheidungen abzu-
bringen ist. So ergab ich mich in mein Schicksal und während wir mit fliegenden Fahnen zum Hospiz fuhren, fragte
ich mich, was meine Mutter wohl dazu bewogen haben
mochte, mich zu begleiten. Auch sie hatte bisher nicht unbedingt zu den Menschen gehört, die meine Tätigkeit im Rahmen der Hospizbewegung mit brennendem Interesse ver-
folgte und mich diesbezüglich „mit Fragen löcherte". Auch
sie, so hatte ich zumindest den Eindruck, stand meinem Engagement eher skeptisch gegenüber und hatte mir mehr als
einmal vermittelt, dass sie es für angebrachter hielte, wenn
ich meine knappe Zeit ausschließlich meinen Kindern und
meinem Haushalt widmete. Woher kam dieser plötzliche
Sinneswandel? Ein Weihnachtswunder? Vielleicht.

Ehe ich weiter darüber nachdenken konnte, hatten wir unser Ziel erreicht und ich half meiner Mutter aus dem Auto.
Wie würde sie wohl auf die sterbenden Menschen reagieren,
denen unser Besuch galt? Dieser und ähnliche Gedanken be-
schäftigten und verunsicherten mich ein wenig, als wir zum
Eingang des Hospizes gingen. Wenigstens stellte sie mir nicht
die Frage, mit der mein Sohn mich letztes Jahr ein bisschen
aus der Fassung gebracht hatte: „Du Mami, fühlen sich die
Sterbenden nicht von mir veräppelt, wenn ich ihnen ein glück-
liches neues Jahr wünsche?" Diese Frage beschäftigte ihn
ernsthaft, denn er machte ein ganz unglückliches Gesicht dabei. Noch ehe ich ihm eine Antwort geben konnte, meinte er
mit einem Blick auf seine Uhr: „Ich glaube, ich mach's einfach
so, dass ich ihnen „Gesegnete Weihnachten" wünsche. Das ist
in ca. drei Stunden, das erleben sie bestimmt noch ..."

Zum Nachdenken hatte ich jetzt zum Glück keine Zeit mehr, denn wir wurden bereits erwartet. Im Hospiz herrschte die gewohnte friedvolle und feierliche Stimmung. Kerzen brannten und Tannenzweige dufteten, leise Weihnachtsmusik war zu hören. Es „weihnachtete" ganz einfach, bloß viel mehr als „draußen". Nach einer wie immer überaus herzlichen Begrüßung begannen wir unsere Besuchstour. Immer wieder beobachtete ich meine Mutter aus den Augenwinkeln, versuchte an ihren Reaktionen abzulesen, was wohl in ihr vorgehen mochte. Bis jetzt konnte ich nichts Außergewöhnliches feststellen. Mit großen Augen schaute sie interessiert um sich, musterte jede Einzelheit und tippelte hinter mir her. Gut so, dachte ich. Dann erreichten wir das erste Zimmer, in dem eine schon sehr, sehr alte Dame lag und uns lächelnd erwartete. Ich begrüßte sie, erkundigte mich nach ihrem Befinden und sah plötzlich, dass in meiner Mutter eine Veränderung vor sich ging: Ihre Augen glänzten, sie lächelte und nahm bereitwillig auf dem Stuhl Platz, der mir angeboten wurde. Ich traute meinen Augen nicht. Keine zehn Sekunden vergingen, da war sie auch schon in ein inniges Gespräch mit der alten Dame vertieft, so als wären die beiden zwei alte Bekannte. Erstaunlich! So ging das nun von Zimmer zu Zimmer. Meine Mutter wurde immer lebhafter, plauderte hier, tröstete da, lachte und benahm sich so ungezwungen, als ob sie bei sich zu Hause wäre. Sie war wie ausgewechselt und es berührte mich, zu sehen, mit welcher Herzlichkeit und welchem Feingefühl sie sich den Sterbenden vollkommen natürlich und ungezwungen zuwandte. Irgendwann stellte ich überrascht fest, dass ich es war, die hinter ihr hertippelte und ihr die kleinen Geschenke, die wir mitgebracht hatten, zur Übergabe reichte. Ich fühlte mich beinahe ein bisschen überflüssig.

Als unser Besuch beendet war und wir wieder zu Hause angelangt waren, nahm sie mich fest in die Arme und mit Tränen in den Augen beteuerte sie mir, dass dieser Besuch ihr schönstes Weihnachtsgeschenk überhaupt sei. Und dass sie niemals gedacht hätte, dass Menschen, die kurz vor dem Tod stehen, noch so zufrieden und glücklich sein könnten.

Ein Weihnachtswunder? Ganz gewiss! Da bin ich mir sicher!

13. Die Frage nach dem „Danach"

Es heißt, unser Unterbewusstsein sei nicht in der Lage, den eigenen Tod zu erkennen und zu akzeptieren. Wir können unseren Tod zwar mit dem Verstand erfassen und ihn über diesen vielleicht bzw. hoffentlich auch annehmen. Unser Unterbewusstsein aber weigert sich offenbar, dies auch zu tun. Es ist scheinbar nicht dazu angelegt, sich mit dieser Endgültigkeit abzufinden, es kann sie nicht einmal in Erwägung ziehen. Ich finde das höchst interessant! Unser menschlicher Körper stellt ja wirklich ein Wunderwerk an durchdachter Perfektion dar. Damit meine ich, dass nichts in unserem Organismus dem Zufall überlassen ist. Jede Körperfunktion erfüllt einen ganz bestimmten Zweck. Und wunderbar und vollkommen fügt sich ein Prozess in den anderen ein, ergänzt und vervollständigt sich im steten Wechselspiel biologischer, chemischer und physikalischer Abläufe. Unser Verstand ist von seiner Veranlagung her zu höchsten Leistungen fähig, ungeachtet der Tatsache, dass wir ihn nur bruchstückhaft einsetzen. Kurz und gut, der Mensch an sich ist von seiner Beschaffenheit her ein Wunder und für die Umgebung, in die er hineingeboren wird, optimal ausgerüstet und ausgestattet. Und da soll ausgerechnet unser Unterbewusstsein, das bekanntlich wesentlich weiser und klüger ist als unser Tagbewusstsein, einen so schwerwiegenden Mangel haben? Wir sind in der Lage, uns die unglaublichsten Dinge vorzustellen, die auch von unserem Unterbewusstsein erfasst und verarbeitet werden können. Für das Unterbewusstsein spielt es dabei übrigens noch nicht einmal eine Rolle, ob wir etwas denken oder es auch tun.

Wenn wir also in Gedanken zum Mond fliegen oder im Orbit herumsurfen können, dann ist es doch verwunderlich, dass wir uns eine so konkrete Sache wie den eigenen Tod, der untrennbar mit unserem Leben verbunden ist, nicht vorzustellen vermögen. Es muss meiner Ansicht nach einen Sinn haben, dass wir Menschen so veranlagt sind. Ich persönlich glaube nicht, dass dieser „Trick" unseres Unterbewusstseins dadurch zu erklären ist, dass er uns ein Leben überhaupt erst ermöglicht. Weil wir womöglich verrückt werden würden, wenn es anders wäre. Dafür ist der Tod zu allgegenwärtig, zu präsent, zu sehr zum Leben zugehörig.

Für mich liegt der Fall etwas anders: Ich glaube, dass unser Unterbewusstsein den eigenen Tod nicht erfassen kann, weil es ihn einfach nicht gibt. Halten Sie mich jetzt bloß nicht für verrückt! Damit meine ich, dass es für mich eine unumstößliche Tatsache ist, dass unser Geist, unsere Seele, wie auch immer wir es nennen wollen, nicht stirbt. Dass wir weiterleben, in welcher Form und wo auch immer. Unser irdischer Körper ist zum Altern, zum Zerfall und zum Tode verurteilt. Sein Leben hier auf Erden endet. Aber nicht das Leben unseres Geistes, unserer Seele. Wir verlassen bloß eine Hülle, die ihrem Zweck gedient hat. Und weil diese Hülle, die unsere Seele für eine gewisse Zeit beherbergt hat, einfach zu schwer und zu behäbig ist, um sie dorthin mitzunehmen, wo unser weiterer Weg uns hinführen mag, bleibt diese Hülle eben hier und nährt die Erde. „Asche zu Asche, Staub zu Staub ..." Unsere Seele aber macht sich auf den Weg, befreit und unbeschwert. Darum ist unser Unterbewusstsein auch nicht imstande, uns etwas vorzumachen, was nicht existiert ...

Ich hoffe bloß, dass diese Überzeugung mich auch dann noch trägt und stützt, wenn es an mir ist zu sterben. Sie wissen ja, Theorie und Praxis ...

Die große Frage nach dem „Danach" beschäftigt sicherlich jeden Menschen. Und dies natürlich umso mehr, je mehr der Mensch sich seinem eigenen Tode nähert und ihm schließlich von Angesicht zu Angesicht gegenübersteht. Nichts fürchtet der Mensch so sehr wie das Unbekannte, das Ungewisse. Nichts macht uns solche Angst wie das hilflose „Tappen im Dustern" und das verzweifelte Ringen um Antwort. Unglücklicherweise gibt es niemanden, der von „Drüben", wenn es tatsächlich ein Drüben gibt, zurückgekehrt ist und uns zuverlässige Augenzeugenberichte liefern könnte. Allerdings gibt es unzählige Berichte von Nahtod-Erfahrungen und Dr. Kübler-Ross hat beeindruckende Zeugnisse von Sterbenden und bereits klinisch Toten und ihren Erfahrungen und Erlebnissen gesammelt und veröffentlicht. Auch meine eigene Mutter hatte eine intensive Nahtod-Erfahrung. All jene, die schon fast im Jenseits waren, berichten zumindest, dass „da etwas war". Die verschiedenen Erlebnisse weisen oft überraschende und erstaunliche Übereinstimmungen auf und die meisten der Zurückgekehrten behaupten, größtenteils angenehme und positive Erfahrungen mit dem Jenseits gemacht zu haben. Es ist zumindest tröstlich, dass es scheinbar irgendwie weiterzugehen scheint, und es ist schön, dass diejenigen, die diese Erfahrung machen durften, von sich behaupten können, nun frei von der Angst vor dem Tod zu sein. Und dennoch: Es sind deren Erfahrungen und nicht die unseren! Was bleibt, ist die Tatsache, dass jeder Einzelne seinen Tod selbst zu sterben hat. Und jedem Einzelnen bleibt es auch, sich sein Bild von einem Leben danach oder keinem Leben danach zu machen. Es gibt viele Möglichkeiten und viele Wege, nach Antworten zu suchen und sie auch zu finden. Die einen finden ihre Antwort in der Religion, die anderen in Büchern, die dritten in sich selbst ... Jeder Weg ist richtig, wenn er dazu führt, sein Erdenleben in Frieden zu beenden und dankbar Abschied nehmen zu können. Keinem von uns steht es zu, die Meinungen und Überzeugungen, die ein Mensch in sich trägt und vertritt, im Angesicht des Todes zu hinterfragen oder gar zu verurteilen. Wer auch immer wir im Leben sind oder waren, welcher Religion, Partei oder Konfession wir uns angeschlossen haben und welcher Hautfarbe, Rasse oder Nationalität wir auch angehören mögen, der Tod macht uns alle gleich. Er macht uns zu dem, was wir sind: Menschen – nicht mehr und nicht weniger.

Für die Hospizbegleitung bedeutet es eine große Herausforderung, einen Menschen, der im Begriff steht, sich von seinem Körper und von dieser Erde zu lösen, auf seinem Weg zu begleiten und ihm beizustehen. Vor allem die Angehörigen bedürfen in dieser schmerzlichen Phase dringend der Unterstützung und des Trostes. Für sie ist es zumeist besonders schlimm zu wissen, dass sie kurz davor stehen, einen geliebten Menschen zu verlieren. Hilflosigkeit, Ohnmacht und Schmerz und auch die große Angst, wie es „danach" weitergehen soll, bestimmen ihre Gefühle. Sie sind hin- und hergerissen, weil sie es sich selbst noch verbieten zu trauern, aber bereits genau wissen, welch großer Verlust sich ankündigt und ihnen bevorsteht. Es gehört auch zu den Aufgaben und dem inneren Anliegen eines Hospizhelfers, die Angehörigen in dieser kaum zu meisternden Situation emotional aufzufangen und zu stützen.

Für den Sterbenden selbst liegt die größte Hilfe vielleicht darin, dass man einfach bei ihm ist. Dass man ihm das Gefühl gibt, nicht alleine und im Stich gelassen zu werden. Keiner von uns weiß, was ein Mensch, der sein Leben beschließt, wirklich fühlt und empfindet. Wir können nur vage Vermutungen dazu anstellen, die sich auf Erfahrung und Beobachtung stützen. Es wird zumindest angenommen, dass ein

Sterbender mit ziemlicher Sicherheit weiß, wann es für ihn soweit ist zu gehen. Woher er dieses Wissen nimmt, sei dahingestellt, doch es wird immer wieder berichtet, dass Menschen ihrer Umwelt kurz vor ihrem Tod durch oft unmerkliche und scheinbar unbedeutende Gesten oder Bemerkungen signalisieren, dass es nun „nicht mehr lange dauern wird". Ein Mensch, der sich dem Tode nähert, betritt eine Dimension, die uns verschlossen bleibt. Wenn er sanft aus dem Leben scheidet, er also nicht plötzlich aus dem Leben gerissen wird, dann ist zu beobachten, wie er mehr und mehr in eine andere Bewusstseinsebene gleitet. Er schläft immer mehr, hat kein Bedürfnis mehr, Nahrung zu sich zu nehmen, und scheint in ein Erleben einzutauchen, das wir nicht nachempfinden und nachvollziehen können. Oftmals hat man auch den Eindruck, er sieht Dinge, die uns verborgen bleiben, und unterhält sich mit Menschen und Wesen, die wir nicht wahrnehmen können. Es wäre grausam, einem Sterbenden gegen sein Bedürfnis Nahrung aufzwingen zu wollen. Es wäre grausam, ihn mit allen Mitteln unter den Lebenden halten zu wollen. Jeder Sterbende, sofern es ihm ermöglicht wird, folgt einem jahrtausendealten Ruf, der nur ihm gilt und dem er auf seine ganz persönliche Art und Weise zu folgen hat. In diesen persönlichen und intimen Prozess krampfhaft eingreifen zu wollen, auch wenn es nur gut gemeint ist, hieße seine Würde zu verletzen und ihm das Sterben zu erschweren. So schmerzlich es auch sein mag, einem Sterbenden beizustehen, bedeutet, ihn gehen zu lassen ... Immer wieder wird beobachtet, dass Sterbende sich mit etwas herumquälen, das sie daran zu hindern scheint, loszulassen und Frieden zu finden. Nicht selten ist es dann so, dass der im Sterben liegende Mensch instinktiv spürt, dass es Menschen, Angehörige gibt, die ihn nicht gehen lassen wollen. Weil diese meinen, den Verlust nicht verkraften zu können. Weil sie die Tatsache, einen geliebten Menschen verlieren zu müssen, nicht akzeptieren können. Weil sie einfach so an dem Sterbenden „hängen", im wahrsten Sinne des Wortes. Dies ist durchaus verständlich und auch nachvollziehbar, doch für den Sterbenden bedeutet dies eine Qual. Er will durch seinen Tod schließlich niemandem, schon gar nicht einem geliebten Angehörigen, Schmerz zufügen oder gar schaden. Und so behindert er sich selbst am Sterben, aus Liebe zu den anderen. In solchen Situationen gewinnt man oft den Eindruck, dass der Sterbende mit dem Sterben so lange wartet, bis er endlich alleine und in Frieden gelassen wird. Für die Angehörigen ist dies oft schrecklich und nicht selten quälen sie sich mit Selbstvorwürfen, den Vater, die Mutter oder den Freund gerade im Augenblick des Todes alleingelassen zu haben.

Schuldgefühle sind in einem solchen Fall nicht angebracht. Im Gegenteil. Vielleicht war es so für den Sterbenden ganz einfach am besten, weil er es in Gegenwart seiner Liebsten wohl nicht geschafft hätte, sich von diesem Leben und seinem Körper zu lösen. Konrad Lorenz soll zu einer Krankenschwester gesagt haben, die sein Zimmer betrat, als er im Sterben lag:

„Lassen Sie mich gefälligst in Ruhe! Ich bin damit beschäftigt zu sterben!"

Wir müssen uns immer wieder vor Augen führen, dass Menschen, die im Sterben liegen, ganz genau spüren und miterleben, was in ihrer Nähe passiert, auch wenn sie scheinbar nicht mehr ansprechbar oder bei Bewusstsein sind. Viel stärker als wir, die wir fest in diesem Leben verwurzelt sind, fühlen Sterbende gerade die Gefühle und die Stimmungen der Anwesenden. Ich halte es für unsere Pflicht, einem Sterbenden eine Atmosphäre zuzugestehen und zu schaffen, die dem Ernst und der Wahrhaftigkeit des Geschehens entspricht. Nichts sollte es einem Menschen erschweren, in

Frieden von dieser Welt zu scheiden, und es liegt in unserer Verantwortung, dafür zu sorgen, dass dies ermöglicht wird. Unseren eigenen Schmerz sollten wir in diesen Stunden zurückstellen. Zum Trauern bleibt noch reichlich Zeit. Im Augenblick des Todes sollten wir versuchen, einem Menschen nichts anderes als unsere Liebe und unsere Dankbarkeit zu vermitteln und den Wunsch, ihn mit unserer Liebe und unseren Gedanken auf seinem weiteren Weg begleiten zu dürfen. Wem dies nicht gelingt, und das ist keine Schande, der sollte aus Rücksicht auf den Sterbenden das Zimmer besser verlassen.

Hat der Sterbende es schließlich geschafft, sich von seinem Körper zu lösen, so ist es wichtig, nicht sofort in lautes Wehklagen und rege Betriebsamkeit zu verfallen. Ein Mensch ist gestorben. Seine Seele wurde, für mein Verständnis, in ein neues Leben hineingeboren. Dies ist ein feierlicher und würdiger Vorgang und wir sollten ihn auch als solchen betrachten. Wir müssen nicht gleich einen Arzt und einen Leichenwagen bestellen. Wir müssen nicht gleich eine Decke über den oder die Verstorbene breiten oder ihn oder sie sofort waschen und neu einkleiden. Wir müssen nicht gleich anfangen, das Sterbezimmer aufzuräumen. Wir müssen erst einmal Abschied nehmen. Und das sollten wir in Ruhe und in Achtsamkeit tun. Ich denke, unsere Vorfahren wussten schon, was sie taten, wenn sie die Totenwache für einen Verstorbenen hielten: Der Verstorbene wurde aufgebahrt. Kerzen wurden entzündet. Die Familie versammelte sich, um für den Verstorbenen in ihrer Mitte zu beten. Es wurde gebetet, gesungen und geschwiegen. Jeder der Anwesenden hatte die Gelegenheit, in Gegenwart des Verstorbenen seinen Gedanken und Erinnerungen nachzuhängen, vielleicht in Gedanken noch eine kleine Zwiesprache mit ihm zu halten, ihm ein persönliches Gebet, ein Dankeschön oder ein „Es tut mir leid" mit auf den Weg zu geben. Dieses Abschiednehmen galt in erster Linie dem Verstorbenen. Einem Menschen mit einer einzigartigen und einmaligen Lebensgeschichte, die so unverwechselbar ist wie er selber. Ein Mensch war gestorben, der gelebt und geliebt, gelitten und gelacht hat. Der gekämpft hat für alles, was ihm wichtig und bedeutend war. Der seine Spuren in diesem Leben hinterlassen hat. Ein solcher Mensch gehört geachtet, nicht unbedingt für herausragende Leistungen, aber ganz bestimmt dafür, dass er sein Leben gelebt hat. Auf seine ganz persönliche und eigene Art und Weise. In diesem Verstorbenen galt es, das Wunder des Lebens an sich zu würdigen und die Vollkommenheit dieser Schöpfung zu ehren.

Auf der anderen Seite diente die Totenwache dazu, den Angehörigen, den Hinterbliebenen die Möglichkeit zu geben, sich in Ruhe mit dem Tod eines Familienmitgliedes, eines nahestehenden Menschen abzufinden und anzufreunden. Diesen Tod zu begreifen und anzunehmen. Während im Sterbezimmer gebetet wurde, wurde in der Küche gekocht und gewerkelt, um alle Anwesenden zu verköstigen und zu versorgen. Bestimmt wurde dort auch geweint, vielleicht aber auch gelacht. Einfach weil man sich an den Verstorbenen erinnerte und diese Erinnerungen auch weitergeben und austauschen konnte. Weil man nicht alleine war. Weil da Menschen waren, die einen in den Arm nahmen und trösteten. Menschen, die einem das Gefühl gaben, dass trotz allen Schmerzes das Leben weitergeht.

In allen Kulturen finden sich Rituale, die dazu dienen, den Tod begreifbar zu machen und die Hinterbliebenen aufzufangen und zu tragen. Wir brauchen für viele wichtige und elementare Ereignisse und Entwicklungen in unserem Leben Rituale. Rituale bilden einen Rahmen, innerhalb dessen wir Sicherheit und Halt finden können. Der Tod eines Angehörigen, eines geliebten und nahestehenden Menschen ist ein tief einschneidendes Ereignis und Erlebnis, das erst einmal verkraftet sein will. Es ist wider die menschliche Natur, den Tod bloß zur Kenntnis zu nehmen und zur Tagesordnung übergehen zu wollen. Vielleicht kann dies bei einem sehr starken Willen oder Verstand gelingen, doch gewiss nur vorübergehend. Denn die Seele fordert nach ihrem Recht auf Trauer. In unserer heutigen „Ich bin immer gut drauf-Gesellschaft" versuchen wir alles Mögliche und leider auch Unmögliche, um unangenehmen und schmerzlichen Gefühlen aus dem Weg zu gehen, sie zu verdrängen und zu unterdrücken. Doch um welchen Preis? Wir machen die Rechnung ohne den Wirt, denn wir bestehen nun einmal nicht nur aus Fleisch und Blut, aus Willen und Verstand. Wir sind nicht endlos programmierbar und manipulierbar, denn unsere Seele mit ihren Bedürfnissen und Forderungen holt uns immer wieder ein. Und wenn wir unsere Seele verleugnen, uns nicht um sie kümmern und ihr nicht die Nahrung geben, die sie braucht, um heil zu bleiben oder wieder zu werden, dann werden wir krank. Und zwar richtig krank! Es sollte uns nicht wundern, dass das so vielschichtige Krankheitsbild der Depression und der Angsterkrankungen bereits an zweiter Stelle nach Herz-Kreislauferkrankungen steht. Wir lassen unsere Seelen verhungern und nehmen unsere Empfindungen nicht ernst.

Wenn ein geliebter Mensch stirbt, dann schmerzt das und tut sehr weh. Dann leiden wir ganz einfach und meinen oftmals, an diesem Leid selber sterben und zerbrechen zu müssen. Es hilft dann nicht, vor sich und seinen Gefühlen davonlaufen zu wollen. Der Weg der Heilung führt nur durch den Schmerz und durch die Trauer hindurch. Wir müssen diese Gefühle und Empfindungen zulassen. Und wir müssen uns bewusst machen: Es ist keine Schande zu trauern. Es ist ein urmenschliches Verhalten, ja sogar Bedürfnis. Der Prozess der Trauer hilft uns, diesen Verlust, den der Tod uns bereitet hat, zu verarbeiten. Er hilft uns, mit dem Aufruhr und der Erschütterung in unserem Inneren zurechtzukommen. Nur wenn wir all die Gefühle, die die Trauer mit sich bringt, annehmen und durchleiden, können wir innere Heilung erfahren.

In jenen Zeiten, in denen die Totenwache zu den Ritualen gehörte, die beim Ableben eines Menschen begangen wurden, war es ganz normal, zu trauern. Nicht umsonst trugen die Hinterbliebenen zum Zeichen ihrer Trauer für ein Jahr schwarze Kleidung. Dieses Trauerjahr kommt nicht von ungefähr, denn es braucht eine ganze Weile, durch die Trauer hindurch wieder ins Leben zu gelangen. Die schwarze Kleidung signalisierte der Umwelt zusätzlich, dass hier ein Mensch trauert und dieser Mensch gerade in ganz besonderer Weise geachtet und geschützt werden muss. Damals war Trauern etwas völlig Normales und niemand brauchte sich deswegen zu schämen oder gar zu verstecken. Schließlich hatte jeder schon irgendwann um irgendjemanden getrauert. Und diejenigen, die es noch vor sich hatten, wussten, dass es irgendwann auch auf sie zukommen würde. Weil es eben niemandem erspart bleibt. Der Anblick trauernder Menschen war früher nichts Ungewöhnliches und schon gar nichts Bedrohliches.

Doch wo haben wir uns heute mit unserem fortschrittlichen Denken hineinmanövriert? Die Totenwache gibt es kaum mehr. Trauerkleidung und Trauerjahr gehören ebenso der Vergangenheit an. Wir trauern nicht in der Öffentlichkeit und wir trauern auch nicht in unserem Kämmerlein. Dazu fehlt uns angeblich die Zeit. In Wirklichkeit aber fehlt uns der Mut.

14. Hospizhelfer als Trauerbegleiter

Memento

Vor meinem eigenen Tod ist mir nicht bang,
nur vor dem Tode derer, die mir nah sind.
Wie soll ich leben, wenn sie nicht mehr da sind?
Allein im Nebel taste ich entlang
und lass' mich willig in das Dunkel treiben.
Das Gehen schmerzt nicht halb so wie das Bleiben.
Der weiß es wohl, dem Gleiches widerfuhr,
und die es trugen mögen mir vergeben.
Bedenkt, den eigenen Tod, den stirbt man nur,
doch mit dem Tod des anderen muss man leben.
(Mascha Kaléko)

Mit dem Sterben und dem Tod eines betreuten und begleiteten Menschen ist die Tätigkeit eines Hospizhelfers noch lange nicht beendet. Ganz im Gegenteil! Denn so wie es zu seinen Aufgaben gehört, die Angehörigen des Sterbenden zu unterstützen, zu entlasten und zu begleiten, so gehört es auch zu seinen Aufgaben, diesen nach dem Tod des geliebten Menschen beizustehen. Er hilft der Familie des Verstorbenen in bürokratischen und organisatorischen Angelegenheiten. Er kümmert sich um Ämtergänge, Erledigungen und Besorgungen und ist bemüht, den Hinterbliebenen in ihrer Trauer beizustehen und sie darin aufzufangen. Der Weg der Trauer ist lange und steinig, aber er muss beschritten werden. Dieser Weg ähnelt einer Bergbesteigung: Er beginnt ganz unten im Tal und führt langsam und beschwerlich nach oben. Ist der Gipfel dann erreicht, so bietet sich von dort der Ausblick

auf neue Perspektiven und Lebensinhalte. Eine Bergbesteigung ist kein Spaziergang. Aus diesem Grund wird der Prozess der Trauer wohl auch unter dem Begriff „Trauerarbeit"
zusammengefasst. Denn es ist harte Arbeit, sich seiner Trauer zu stellen und alles, was diese mit sich bringt, anzunehmen und zu verarbeiten. Ähnlich der von Dr. Elisabeth Kübler-Ross beschriebenen Sterbephasen lässt sich auch die
Trauerarbeit in vier Phasen einteilen, die von Dr. Verena
Kast ungefähr folgendermaßen beschrieben werden:

Erste Phase: Nicht-Wahrhaben-Wollen

Der Verlust wird verleugnet. Der oder die Trauernde fühlt
sich zumeist empfindungslos und ist oft starr vor Entsetzen:
„Es darf nicht wahr sein! Ich werde erwachen! Das ist nur ein
böser Traum!" Die erste Phase ist meist kurz, sie dauert ein
paar Tage bis einige Wochen an.

Zweite Phase: Aufbrechende Emotionen

In der zweiten Phase werden durcheinander Trauer, Wut,
Angstgefühle und Ruhelosigkeit erlebt, die oft auch mit
Schlafstörungen und anderen körperlichen Reaktionen verbunden sind. Der konkrete Verlauf dieser Phase hängt stark
davon ab, wie die Beziehung zwischen den Zurückgebliebe-
nen und dem oder der Verstorbenen war. Ob zum Beispiel
ungelöste Probleme noch besprochen werden konnten oder
ob viel Zwischenmenschliches ungeklärt geblieben ist. Starke
Schuldgefühle im Zusammenhang mit offengebliebenen
Konflikten können bewirken, dass man auf dieser Stufe ste-
henbleibt. Gerade in dieser Phase ist es sehr wichtig, alle Gefühle, die die Trauer auslöst, zuzulassen. Diese Gefühle nicht
zu unterdrücken, nicht zu verleugnen oder sich ihrer gar zu
schämen. Nur so können schwere Depressionen vermieden
oder zumindest abgeschwächt werden. Nachdem in unserer

Gesellschaft Selbstbeherrschung einen hohen Stellenwert einnimmt und abhängig von familiären und gesellschaftlichen Prägungen sogar die Tendenz bestehen kann, Trauer ganz zu verdrängen, haben viele Menschen große Probleme, diese Phase zu bewältigen. Aber nur wenn die entsprechenden Gefühle auch tatsächlich erlebt und zugelassen werden, kann die nächste Trauerphase erreicht werden.

Dritte Phase: Suchen – Finden – Sich trennen

In der dritten Trauerphase wird der oder die Verstorbene bewusst oder unbewusst gesucht. Meistens dort, wo er oder sie auch im gemeinsamen Leben anzutreffen war (in Zimmern, auf Fotos, Landschaften, aber auch in Träumen und Fantasien …). Die Konfrontation mit der Realität bewirkt, dass der Trauernde immer wieder lernen muss, dass die Verbindung sich drastisch geändert hat. Der oder die Verstorbene wird im besten Fall zu einem inneren Begleiter, mit dem man einen inneren Dialog, eine Beziehung entwickeln und aufrechterhalten kann. Im schlechteren Fall lebt der Trauernde eine Art Pseudoleben mit dem oder der Verstorbenen: Nichts darf sich ändern! Alles muss so bestehen bleiben, wie es zu Lebzeiten des oder der Verstorbenen gewesen ist. Der Trauernde entfremdet sich dem Leben und den Lebenden. Gelingt es aber, den so schmerzlich Vermissten in das innere Erleben und Empfinden zu integrieren, ihn zu einem inneren Begleiter werden zu lassen, dann kann die nächste Phase der Trauerarbeit erreicht werden.

Vierte Phase: Neuer Selbst- und Weltbezug

In der vierten Phase hat der Trauernde den Verlust so weit akzeptiert, dass er den Verstorbenen nicht mehr im „Außen", im alltäglichen Leben sucht und darin schmerzlich vermisst. Es ist gelungen, dem Verstorbenen im eigenen Inneren seinen Raum und Platz zu schaffen, in dem er tröstlich präsent sein kann. Nun ist der Zeitpunkt gekommen, an dem der Gipfel der Trauerarbeit erreicht ist. Von diesem hart erkämpften Standpunkt aus eröffnen sich mit einem Male wieder neue Horizonte und Perspektiven. Der so elementare Schmerz des Getrennt-Seins, des Sich-verlassen-Fühlens verebbt langsam. Das eigene Ich kann wieder als Ganzes wahrgenommen werden. Das eigene Leben nimmt wieder Form an. Die Bruchstücke, in die der Tod des geliebten Menschen das gewohnte Leben zerrissen und zerbrochen hat, fügen sich wieder zusammen. Sie werden nie wieder dieselbe Form erreichen und erhalten wie zuvor. Doch sie können sich zu etwas Neuem, Lebenswertem und Kostbarem zusammenfügen, in dem auch der Trauernde seinen Platz einnehmen kann.

Es erscheint mir sehr wichtig, Menschen, die einen so großen Verlust wie den Tod des geliebten Partners, eines Kindes, eines sehr nahestehenden, geliebten Menschen erleiden müssen, in ihrer Trauer und ihrer Trauerarbeit zu unterstützen. Ein Mensch, der trauert, verdient unsere Achtung und unseren Schutz, unser Verständnis und unsere Unterstützung. Wir dürfen es nicht zulassen, dass Menschen sich scheuen, ihren Gefühlen, ihren Ängsten und ihrem Schmerz Ausdruck zu verleihen, nur weil unsere Gesellschaft keinen Platz und keine Zeit für Trauer hat. Wir müssen trauernden Menschen das Gefühl geben, dass sie, wie auch immer ihre Trauer aussehen und welche Formen sie annehmen mag, angenommen sind. Dass es normal ist, Schmerz zu erleiden, weil es zum Leben gehört. Wir sollten die Trauernden dazu ermuntern, ihren Schmerz zuzulassen. Ihnen die Gewissheit und die Sicherheit geben, dass wir da sind. Um zuzuhören, um zu trösten, um in den Arm zu nehmen.

Wir sollten. Wir müssten ... Warum nur kann es nicht einfach selbstverständlich sein, zu sagen: „Wir tun es!" Warum nur scheuen wir uns, mit Trauernden in Berührung zu kommen? Warum wissen wir nicht so recht, wie wir uns zu verhalten haben? Kann es sein, dass wir auch hier einfach Angst haben, mit dem Tod und unserer eigenen Sterblichkeit konfrontiert zu werden? Dass der Anblick eines leidenden und weinenden Menschen uns deswegen so unangenehm berührt, weil er uns an die ungeweinten Tränen und das unausgesprochene Leid erinnert, die wir in unserem tiefsten Inneren versteckt halten? Wie aber sollen wir einen Menschen trösten können, wenn uns dies nicht einmal bei uns selbst gelingt? Wie sollen wir mit den Gefühlen anderer Menschen umgehen können, wenn wir unsere eigenen Gefühle nicht einmal kennen und kennen wollen? Ist das schon wieder ein Preis, den wir für unsere hochzivilisierte und kultivierte Gesellschaft zahlen müssen? Wir sind so wundervoll beherrscht, so sagenhaft vernunftsbelastet. Wir haben uns so vollkommen im Griff, dass es beinahe schon Angst macht.

Ganz anders gehen außereuropäische Völker mit dem Tod und dem Sterben um. All das, was die Trauer körperlich und seelisch in uns bewirkt und was wir uns verbieten und untersagen, um den gesellschaftlichen Normen zu entsprechen oder um niemanden zu belasten, ist in anderen Kulturen völlig normal. Es wird sogar erwartet, dass der Trauernde für eine gewisse Zeit „ver-rückt" wird und nicht mehr in der Lage ist, sein bisheriges Leben ohne Unterbrechung, ohne Veränderung übergangslos weiterzuführen. Es ist dort gestattet, zu weinen, zu klagen, seine Arbeit vorübergehend niederzulegen, nicht zu schlafen, nicht zu essen, sich zurückzuziehen, sein Äußeres zu vernachlässigen und vieles mehr, was in unseren Breiten vollkommen undenkbar wäre. Diese Menschen können all dies ohne Sorge, ohne Scham und ohne Zögern zulassen, weil sie wissen, dass sie deswegen von niemandem verurteilt oder schief angesehen werden. Weil sie wissen, dass sie jede menschliche Unterstützung, derer sie bedürfen, ohne große Worte oder Gesten auch bekommen. Alles, was Trauernde von uns bekommen, sind gute Ratschläge wie: „Lass' dich doch nicht so hängen! Das Leben geht weiter! Davon stirbt man nicht! Kopf hoch, das wird schon wieder!" Dies sind zwar durchaus berechtigte Aussagen, sie aber einem Menschen, der trauert, an den Kopf zu werfen, ist herzlos und unmenschlich!

All jenen, die trauern, und all jenen, die in ihrer nächsten Nähe einen Menschen haben, der einen schweren Verlust erlitten hat, möchte ich folgenden Text ans Herz legen, auf den ich zufällig gestoßen bin:

Du hast das Recht

Du hast das Recht, deine dunklen Stunden zu durchleben und dich nicht durch billige Sprüche aus ihnen herauslocken zu lassen. Schon der Versuch ist eine Entwürdigung deiner inneren Wirklichkeit. Du bist auch deine Dunkelheit. Die Abgründe und die Widersprüche gehören auch zu dir. Die Schatten geben deinem Leben Tiefe und Menschlichkeit. Wer mit dir in Beziehung tritt, sollte wissen, dass diese Seite auch zu dir gehört. Wer sie in dir ablehnt, hat nicht das Recht, sich dein Freund oder deine Freundin zu nennen. Manche geben dir nicht das Recht auf diese dunkle Seite in dir. Sie erwarten, dass du sie unterschlägst, verheimlichst und ihnen Glück und Stärke vorspielst. Vielleicht haben jene weniger Angst um dich, als um sich selbst, weil sie durch dich an das Unoffene in sich selbst geraten. Wenn sie darum dir helfen zu wollen vorgeben, dann nicht um dir zu helfen, sondern sich selbst. Du hast ein Recht auf deine Trauer. Du darfst dich deinen Verlusten hingeben. Musst nicht verdrängen und verleugnen, was dich so verletzt und so enttäuscht hat

und was du nicht ändern kannst. Du hast ein Recht auf deine Trä-
nen, auf dein Schweigen, auf deine Ratlosigkeit, auf deine innere
und äußere Abwesenheit. Du musst nichts vorspielen, musst nicht
über den Dingen stehen. Du hast ein Recht, die wegzuschicken, die
dich mit Gewalt aus Deiner Trauer herausholen wollen, weil deine
Trauer sie selbst bedroht. Du hast ein Recht auf deine Trauerzeit.
Du hast das Recht, mit denen nicht reden zu wollen, die dir ein
schlechtes Gewissen machen wegen deiner Dunkelheit und deiner
Trauer. Die mit Sprüchen kommen und dich mit diesen Sprüchen
unter Druck zu setzen versuchen. Du hast ein Recht auf deine
Trauerstille. Lass' dir dieses Recht nicht nehmen.
(Verfasser unbekannt)

Es ist unendlich schwer, den Tod eines geliebten Menschen
anzunehmen, zu verarbeiten und zu akzeptieren. Aber es gehört augenscheinlich zum Plan dieses Lebens, mit Verlusten,
Schmerz und Leid zurechtkommen zu müssen, daran zu
wachsen und zu reifen. Ist es nicht so, dass wir im Grunde
nur nachvollziehen und nachempfinden können, was wir
selbst erlebt und erlitten haben? Ist es nicht so, dass echtes
Verständnis und wahres Mitgefühl darauf basieren, all das,
was ein anderer erlebt und durchmacht, aus eigenem Erleben
und eigener Erfahrung bereits zu kennen? Der französische
Schriftsteller Georges Bernanos soll einst gesagt haben: „Wolle nie irgendeinen Schmerz, irgendeine Beunruhigung aus
deinem Leben ausschließen, da du doch nicht weißt, was diese Zustände an dir ändern." Und bei den Indianern musste
ein Medizinmann, also ein Mensch, der körperliche wie geis-
tige Heilung zu spenden vermochte, alles, was ein Mensch
nur erdulden und erfahren kann, am eigenen Leibe erfahren.
Im Verständnis der Indianer war nur ein Mensch in der Lage
zu heilen, der selber wusste, wie sich die unterschiedlichsten
Zustände des Krankseins anfühlen.

Natürlich heißt das noch lange nicht, dass wir dadurch aufgerufen sind, uns bewusst in leidvolle Situationen zu stürzen, ja diese sogar zu suchen. Das ist meines Erachtens auch gar nicht nötig. Das Leben ist nun einmal unser bester Lehrmeister und ich bin davon überzeugt, dass es uns auf dem Weg zum Menschsein schon all das bringt, was wir für unseren persönlichen Weg brauchen. Das Leben selbst sorgt für uns und es liegt nicht an uns, die Form und die Art, in welcher dies geschieht, mit unserem Verstand erfassen zu wollen. Das ist unmöglich und im Grunde auch gar nicht nötig. Alles, was von uns erwartet wird, ist, dass wir uns auf dieses Leben einlassen. Es mit all seinen Höhen und Tiefen bewusst leben. Dass wir uns auf uns und unsere Gefühle einlassen, die guten und die angenehmen wie auch auf die schlechten und die unangenehmen. Dann kann es vielleicht auch gelingen, dass wir uns auf andere einlassen und unsere Menschlichkeit leben. Und dies wiederum könnte unserer Welt ein anderes Antlitz verleihen.

15. Wenn Kinder unheilbar krank sind

Wenn ein alter Mensch stirbt, so ist dies für die Angehörigen schon schlimm genug. Dennoch können wir uns vielleicht damit trösten, dass dieser Mensch sein Leben zu Ende gelebt hat. Dass er seinen Lebenskreis vollendet hat und die Zeit für ihn reif war, zu gehen. Doch wenn ein Kind stirbt, so trifft uns dies wie ein Keulenschlag. Dass bereits Kinder an lebensbedrohlichen und lebensverkürzenden Erkrankungen leiden, die zum Tode führen, das können wir nicht fassen und schon gar nicht begreifen. Wie auch? Kinder stehen doch erst am Anfang ihres Lebens. Sie haben alles noch vor sich. Das Leben liegt wie ein unbeschriebenes Blatt Papier vor ihnen. Kinder haben das Recht, Kinder zu sein. Und Kind zu sein bedeutet, unbeschwert, frei von Kummer und Sorge mitten im Leben zu stehen, mit all seinen Wundern und Freuden, die es für ein Kind zu entdecken und zu erforschen gibt. Eltern, die vom Tod des eigenen Kindes betroffen sind, erreichen und überschreiten wohl die Grenze des Erträglichen. Hier erscheint jeder Versuch eines Trostes billig und schal, weil jedes „Menschenwort" und jeder „Menschenratschlag" einem so unfassbaren und für unser Verständnis so ungerechten und unfairen Erlebnis nichts entgegenzuhalten hat.

In England wurde im Jahr 1982 das weltweit erste Kinderhospiz gegründet. Es trägt den Namen Helen-House-Hospice und wurde nach einem kleinen Mädchen benannt, das an einem unheilbaren Gehirntumor litt. Die Gründerin Sr. Francis Dominica, eine Nonne und Kinderkrankenschwester, erkannte, dass gerade Kinder mit einer lebensbedrohlichen

Erkrankung einer ganz besonders liebevollen Pflege und Zuwendung bedürfen. Denn Kinder reagieren auf Schmerzen und deren Therapie vollkommen anders als Erwachsene und dürfen demzufolge nicht mit deren Maßstäben gemessen werden. Dies stellt nicht nur für die Hospizbegleitung sondern auch für die Palliativmedizin eine Herausforderung dar. Denn so wie bei Erwachsenen sollte auch bei Kindern eine sinnvolle Schmerztherapie unbedingt ermöglicht werden. Auch in der Hospizpflege von Kindern geht es darum, die Lebensqualität der kleinen Patienten weitestgehend zu erhalten und sicherzustellen. Zusätzlich gilt es in ganz besonderem Maße, die Eltern des betroffenen Kindes und deren Geschwister aufzufangen und zu unterstützen.

Das erste Kinderhospiz in Deutschland orientiert sich am englischen Vorbild des Helen-House-Hospiz und entstand im Jahr 1998 in Olpe. Ein Kinderhospiz folgt denselben Grund- und Leitsätzen wie ein Erwachsenenhospiz. Das Ziel ist es auch hier, die verbleibende Zeit für das erkrankte Kind so lebenswert wie nur möglich zu gestalten und die Angehörigen zu begleiten und zu unterstützen. Dennoch gibt es bei Kinderhospizen Unterschiede zu den herkömmlichen Einrichtungen:

Der Aufenthalt in einem Kinderhospiz ist für die gesamte Familie gedacht, also auch für die Eltern und die Geschwisterkinder des kleinen Patienten. Denn nichts ist für ein sterbenskrankes Kind wohl so schlimm, wie von seinen Bezugspersonen getrennt zu werden. Allerdings ist dieser Aufenthalt auf eine bestimmte Zeit begrenzt. Er dient in erster Linie dazu, die über alle Maßen körperlich und psychisch belasteten Eltern und die Geschwister, die unweigerlich unter der besonderen Situation leiden, für eine gewisse Zeit zu entlasten. Die gemeinsam im Kinderhospiz verbrachte Zeit soll helfen, Atem zu holen, Abstand zu gewinnen und vor allem auch andere Familien in ähnlichen Situationen kennenzulernen und sich mit diesen austauschen zu können. Hier wird für alle Betroffenen gesorgt: Die kleinen Patienten werden liebevoll versorgt und betreut und, soweit es deren Gesundheitszustand erlaubt, in verschiedene Aktivitäten und Unternehmungen eingebunden. Auch für die Geschwisterkinder wird gesorgt und ihnen wird die Gelegenheit geboten, mit anderen Kindern zusammenzukommen, zu spielen, zu lachen, unbeschwert zu sein. Die Eltern werden einfach aufgefangen und begleitet und kommen zu so einfachen Dingen, wie endlich einmal ausschlafen zu können, in Ruhe eine Mahlzeit zu beenden, einen Spaziergang zu machen und Ähnliches. Eben einfach Kraft zu tanken für die nächste Etappe in der Pflege ihres Kindes. Der Aufenthalt in einem stationären Kinderhospiz dient in erster Linie zur Erholung und Regeneration der ganzen Familie.

Aus folgendem Grund ist der Aufenthalt in einem stationären Kinderhospiz im Gegensatz zu einem Erwachsenenhospiz zeitlich begrenzt: So wie es schon für viele Erwachsene von großer Bedeutung ist, trotz einer lebensbedrohlichen Erkrankung in ihrer vertrauten Umgebung verbleiben zu können, so ist dies für Kinder verständlicherweise noch viel, viel wichtiger. Kinder, die oftmals noch so klein sind, dass sie sich verbal noch nicht richtig ausdrücken können und denen man Vieles mit Worten auch noch nicht richtig erklären kann, bedürfen in ihrer Erkrankung besonderer Geborgenheit und Wärme. Schon gesunde Kleinkinder reagieren auf einen plötzlichen Ortswechsel mit Unverständnis und Verstörung. Um wie viel schlimmer muss eine Veränderung seiner kleinen Welt dann für ein Kind sein, das Schmerzen leidet. Aus diesem Grund wird in der Kinderhospizpflege besonderer Wert darauf gelegt, dass die kranken Kinder möglichst lange in ihrer vertrauten Umgebung und in der Nähe ihrer Bezugspersonen verbleiben können. Hier kommt dem ambulanten Kinderhospiz-Pflegedienst eine ganz besondere Bedeutung zu. Die Kinderhospizpflege baut auf einer besonders engen Zusammenarbeit mit den Eltern auf. Denn niemand kennt sein Kind so gut wie die eigenen Eltern. Niemand weiß so gut um die Befindlichkeit eines kleinen Menschleins als diejenigen, die es seit dem Tag seiner Geburt begleiten, umsorgen und behüten. In der Betreuung und der Pflege eines Kleinkindes stehen die Wünsche, Vorschläge und Anregungen der Eltern an erster Stelle. Aufgabe des Hospizpflegedienstes ist es, ein Netz zu knüpfen, in dem die Betroffenen sicher aufgefangen werden. Entlastung, Unterstützung, das Herstellen von Kontakten, das Vermitteln von unterstützenden und helfenden Institutionen und Stellen, wie beispielsweise Selbsthilfegruppen, gehören zu den Aufgaben des Kinderhospizhelfers. Kinderhospizhelfer stehen den Eltern und den Geschwisterkindern über den Tod des Kindes hinaus in der Trauerarbeit bei und begleiten sie auf diesem schweren Weg.

In Deutschland gibt es zurzeit sieben stationäre Kinderhospize, drei weitere sind im Aufbau und in der Planung begriffen. Dies verdanken wir der Initiative von sechs betroffenen Familien, die im Jahr 1990 den Deutschen Kinderhospizverein e.V. gegründet haben.

Ich habe eingangs bereits erwähnt, dass mich das Leid von Kindern, die ihrer Krankheit noch viel hilfloser ausgeliefert sind als wir Erwachsenen, seit jeher zutiefst berührt und erschüttert. Meine Erfahrungen mit der Hospizbewegung, mein wachsendes Verständnis für die Realität und stete Anwesenheit des Todes in unserem Leben und den damit verbundenen Prozess des Sterbens, haben dazu geführt, dass ich mich vor einigen Jahren der Planung und der Durchführung eines Sozialprojektes anschloss, das mich auf Anhieb mitten ins Herz getroffen hat:

Es geht bei diesem Projekt um Kinder, die aufgrund ihrer spezifischen Erkrankung dauerbeatmet werden müssen. Diese Kinder sind ohne technische Hilfsmittel nicht in der Lage, selbstständig zu atmen, und leben oft über Jahre hinweg auf der Intensivstation einer Kinderklinik, da ihre Pflege durch die ständige Dauerüberwachung und den permanenten Einsatz hoch spezialisierter technischer Geräte zur Beatmung und zum Absaugen von Schleim aus den Atemwegen zu Hause undenkbar und unmöglich wäre. Es erscheint mir schlicht menschenunwürdig, dass diese Kinder, darunter oftmals Säuglinge, dazu verurteilt sind, in der technologisierten, unpersönlichen Atmosphäre einer Intensivstation leben zu müssen. Was mag wohl in einem so winzigen und zerbrechlichen Menschlein vorgehen, dessen Lebensmittelpunkt die kalte Umgebung einer Intensivstation ist und das fern von seinen Eltern an technische Geräte angeschlossen ist, einem kleinen Kind, dessen nächste Menschen die Ärzte und das Pflegepersonal sind. Was fühlen Kinder, für die der Klang der Stimme ihrer Eltern, deren Geruch, Nähe und Berührung alles andere als selbstverständlich und gewohnt sind? Deren Schicksal von einem Beatmungsgerät abhängt. Angst und Einsamkeit? Verzweiflung und Leere?

Als die Idee geboren wurde, diesen Kindern ein „Zuhause" zu schaffen, das es ihnen erlaubt, in einer kindgerechten, heimeligen Umgebung zu leben, in der die Eltern, sooft sie nur wollen und können, bei ihnen sein und auch übernachten können, war ich sofort Feuer und Flamme. Und daran hat sich bis heute nichts geändert. Im Jahr 2006 konnte das Kinderhaus „AtemReich" eröffnet werden. In diesem Haus haben es sich viele Menschen zur Aufgabe gemacht, schwerstbehinderten, dauerbeatmeten Kindern trotz ihrer schweren Erkrankung ein „Zuhause", einen Ort der Wärme und der Geborgenheit zu geben. Das Kinderhaus „AtemReich" möchte die ihm anvertrauten Kinder trotz ihrer Beeinträchtigungen und ihrer Pflegebedürftigkeit nicht auf das reduzieren, was sie nicht können, sondern sie als vollwertige Menschen akzeptieren und ihnen, ihren individuellen Möglichkeiten entsprechend, ein Leben in unserer Gesellschaft ermöglichen. Mit „AtemReich" wurde ein familiäres Umfeld geschaffen, das diesen Kindern bisher unbekannt war. Ein Ort des Kontaktes, des kindgerechten Lebens, ein Ort des Aufatmens. Vorraussetzung dafür ist es, den Kindern eine umfassende Betreuung zu bieten, die medizinisch-pflegerische Aspekte und eine pädagogische Förderung vereint. Zusätzlich möchte das Kinderhaus ein Bindeglied zwischen der Versorgung in der Kinderklinik und einem späteren möglichen Leben in der Familie sein.

Es war und ist für mich eine tiefgehende Erfahrung, dieses Projekt von der Idee bis zu deren Umsetzung und darüber hinaus zu begleiten und zu unterstützen. Ich werde niemals den Tag vergessen, an dem unser erster kleiner Patient Einzug in sein neues Zuhause halten konnte. Glück und Dankbarkeit erfüllten mich an diesem Tag und die Gewissheit, dass vielleicht nicht alles, aber doch vieles möglich ist, wenn wir nur fest genug daran glauben und daran zu arbeiten bereit sind. Vor allem grenzte es für uns alle beinahe an ein Wunder, mitzuerleben, wie manche der kleinen Patienten bereits nach kurzem Aufenthalt eine wundervolle Wandlung durchmachten. Sie erwachten aus ihrer Apathie und von Tag zu Tag öffneten sie sich mit all ihren Sinnen mehr und mehr für die neue Umgebung und deren Menschen. Kinder, die völlig teilnahmslos, scheinbar ohne Regungen und Reaktionen in das Kinderhaus gekommen waren, sind heute wie verwandelt. Sie haben Bindungen und Beziehungen zu ihrer Umwelt aufgebaut, zeigen Interesse und Gefühle. Sie sind eingebettet in eine Atmosphäre der Wärme, der Zuneigung, der Fürsorge und der Menschlichkeit.

16. Wie die Hospizbewegung mein Leben verändert hat

Heute weiß ich, dass der Zufall, der mich zur Hospizbewegung geführt hat, für mich eine Chance gewesen ist. Eine Chance, die mich über den Tod ins Leben geführt hat. Der Tod hat mich gelehrt, was Leben bedeutet. Der Tod hat mich gelehrt, was Menschlichkeit bedeutet. Der Tod hat mich gelehrt, was für mich persönlich und mein Leben von Bedeutung ist. Dafür bin ich dankbar.

Der Tod und die Liebe

Es war einmal eine Zeit, die schon längst vergessen oder gerade erst in diesem Augenblick geboren ist, da schlich der Tod traurig, so wie nur er es sein kann, mit hängenden Schultern und schleppendem Schritt durch die Welt. Die Welt, die ihm zur Qual geworden war, seit er mit seiner Aufgabe, der Reise der Menschen auf Erden ein Ende zu bereiten, betraut worden war. Nur halbherzig kam er seiner Pflicht nach. Denn wo auch immer er auftauchte, da flohen die Menschen vor ihm und suchten das Weite. Sie zitterten vor Angst oder verhöhnten und verlachten ihn, so dass er vor Schmerz und Trauer noch blasser wurde, als er es ohnedies schon war. Der Tod war so einsam, dass er sogar das Schlagen seines eigenen Herzens fürchtete.

Eines Tages nun saß er verborgen hinter einem hohen Felsen, wo er sich vor sich selbst zu verstecken suchte, als frohes Lachen und Singen ihn jäh aufschreckten. Überrascht blickte er um sich und sah auf einer kleinen Lichtung das Leben im gleißenden Sonnenschein. Das Leben, das er so glühend beneidete, feierte ein Fest mit den Menschen. Es lachte, tanzte und sang mit ihnen. Tränen stiegen dem Tod in die Augen, als er sah, mit welch hingebungsvoller Begeisterung die Menschen das Leben feierten und verehrten und an seinen rosigen Lippen hingen.

„Ach könnte ich bloß wie das Leben sein", dachte der Tod für sich. „Alles wäre anders und viel, viel besser!" Er wollte sich gerade in seinen schwarzen Umhang schnäuzen, als ihm ein Geistesblitz kam: Vielleicht half es ja, bloß in der Nähe des Lebens zu sein? Vielleicht färbte dann ja etwas von seinem Funkeln und Glitzern auf ihn ab? Hoffnung, ein unbekanntes Gefühl, keimte in ihm auf. Und so schnell es seine schwerfällige Art erlaubte, erhob er sich, ordnete seinen weiten Umhang und schlich an den Rand der Lichtung. Er würde dem Leben folgen. Heimlich natürlich und sehr, sehr vorsichtig. Und gewiss, so dachte er, würde er so mit der Zeit dem Leben ähnlich werden. Der Tod war so entschlossen wie noch nie. Und als das Leben und die Menschen aufbrachen, da schlich er ihnen hinterher wie ein geheimer Schatten. Von dieser Stunde an folgte der Tod dem Leben, wo auch immer es hinging. Doch so geschickt er es auch anstellte, so vorsichtig er auch war, irgendwie schienen die Menschen nicht mehr ganz so unbeschwert und unbekümmert wie in jener Zeit, als sie mit dem Leben noch alleine gewesen waren.

Es geschah immer öfter, dass die Menschen nachdenklich wurden, innehielten und mit fragendem Blick in die Ferne sahen. So als ob sie dort etwas erspürten und erahnten. Und eines Tages geschah es, dass auch das Leben merkte, das irgendetwas anders war. Und das Leben gebot den Menschen zu schweigen und es drehte sich, mit suchendem Blick und witternden Sinnen, langsam im Kreis. Der Tod sank zitternd in die Knie und wünschte, im nächsten Erdloch zu verschwinden. Doch es war zu spät. Das Leben hatte ihn entdeckt. Funkelnd vor Zorn und bebend vor Wut donnerte es auf den Zitternden zu und packte ihn am Kragen. Und dann schüttelte und beutelte das Leben den Tod so fest, dass dem Armen Hören und Sehen verging. Als die Menschen sahen, wen das Leben da am Schlafittchen hatte, da stoben sie kreischend vor Angst und bleich vor Entsetzen auseinander und flohen in alle Himmelsrichtungen. Nichts konnte sie mehr halten. Das Grauen vor dem Tod war stärker als alles andere.

„Was tust du hier, du elender Tropf?", schrie das Leben. „Du hast hier nichts verloren. Du säst nur Angst und Schrecken und verdirbst mir mein Spiel! Ich will dich nicht! Und die Menschen wollen dich auch nicht!" Wir wollen lachen und tanzen, ausgelassen und unbeschwert sein. Scher' dich davon und verdirb mir nicht mein Spiel. Wir wollen nicht grübeln und zweifeln, fragen und denken. Wir wollen leben! Ohne dich! Hau' bloß ab und komm mir nie wieder unter die Augen ..." Der Tod brachte kein Wort über die blassen Lippen, so verschreckt und verängstigt wie er war. Und als er seine Fassung endlich wiedererlangt hatte, da war das Leben längst über alle Berge. Traurig, wie nur er es sein kann, kauerte sich der Tod zusammen und begann leise, doch unaufhaltsam zu weinen.

Wahrscheinlich würde er noch heute weinen, wenn sich ihm nicht eines Tages eine zarte, warme Hand auf die Schulter gelegt hätte. Und als der Tod zaghaft und ungläubig seine vom Weinen roten und geschwollenen Augen erhob, da blickte er in ein durchsonntes, liebliches Antlitz, das ihn voll Güte und Milde anschaute.

„Was lastet dir auf der Seele?", fragte die schönste Stimme, die der Tod jemals vernommen hatte. Und wie durch Zauberhand löste sich seine schwere Zunge und er erzählte und erzählte. Wie ein Sturzbach brach es aus ihm hervor. Und endlich, als er geendet hatte und sich im Schoß des unbekannten Wesens geborgen wiederfand, fragte er zitternd: „Wer bist du eigentlich?" „Ich", so sprach das wunderbare Wesen leise lächelnd, „ich bin die Liebe. Und von heute an erwähle ich dich zu meinem treuen Begleiter!" Ungläubig blickte der Tod in das Antlitz der Liebe und machte Anstalten zu widersprechen. Doch die Liebe lächelte bloß und gebot ihm zu schweigen. „Steh' auf und komm!", sagte sie. „Wir haben schon so viel Zeit verloren ..."

Seit diesem Tag ziehen der Tod und die Liebe gemeinsam durch die Welt. Und dort, wo es der Liebe gelingt, die Herzen der Menschen mit ihrer Wahrhaftigkeit zu berühren und zu erfüllen, dort ist auch der Tod nicht fern. Er mischt sich mit bittersüßem Geschmack in das wahre Wesen der Liebe. Er krönt jeden Augenblick als kostbares Geschenk mit seiner Nähe. Denn erst das Wissen um die Vergänglichkeit macht die Gegenwart so einzigartig und einmalig.

Viele lange Ewigkeiten wanderten die beiden gemeinsam durch die Welt. Und eines Tages, da hielt der Tod inne und sprach mit ernster Stimme zur Liebe: „Dir, die du dich meiner als Einzige erbarmt hast, möchte ich zum Dank ein Geschenk machen. Das Leben, das mich immer noch verleugnet und verhöhnt, hat es nicht verdient. Aber du bist seiner würdig: Von heute an sollst du unsterblich sein! Und du sollst jene Menschen, die dich wahrhaftig gelebt und empfunden haben, für alle Zeiten begleiten. Auch wenn deren Reise auf Erden schon längst beendet sein mag."

Da lächelte die Liebe ihr schönstes Lächeln und gemeinsam, Hand in Hand, setzten der Tod und sie ihren Weg in die Ewigkeit fort.

(Diana Gräfin zu Waldburg-Zeil)

Dieses Märchen zeigt: Der Tod straft uns nicht. Er ist ganz einfach ein Teil von uns. Und vielleicht ist er eine Tür, die uns, wenn wir durch sie hindurchgehen, den Weg in etwas Großes und Neues eröffnet, das an keine unserer Vorstellungen heranreicht.

Ich bin nun am Ende dieses Buches angelangt und überlege, ob ich noch etwas vergessen habe. Ob es noch etwas gibt, das zu sagen wichtig und von Bedeutung wäre. Ich weiß es nicht. Wahrscheinlich ließen sich noch viele Seiten zu diesem Thema füllen. Vielleicht aber wäre auch alles schon in dem einen Satz gesagt:

Erst wenn wir den Tod in unser Leben einlassen, werden wir endlich anfangen, wahrhaftig zu leben und in Würde zu sterben.

Als ich gebeten wurde, meine Gedanken und Erfahrungen im Rahmen der Hospizbewegung zu veröffentlichen, war meine erste Reaktion: Wie kann ich es mir anmaßen, über ein so ernstes und bedeutsames Thema etwas zu sagen. Ich bin keine Fachfrau, keine aktive Sterbebegleiterin, keine Ärztin, keine Pflegerin und auch keiner der Menschen, die mit der Diagnose einer unheilbaren Krankheit leben müssen. Ich habe kein Recht, für all die Menschen, die aktiv und tagtäglich in die Thematik des Sterbens eingebunden und davon betroffen sind, zu sprechen. Doch dann überlegte ich weiter. Vielleicht ist dieses Buch aus genau diesem Grund wichtig:

Ich bin ein ganz normaler Mensch und dieses Buch ist gedacht für Menschen wie Sie und mich. Menschen, die so wie ich vor einigen Jahren mit dem Tod noch gar nichts „am Hut hatten".

Ich wollte Sie an der Hand nehmen und Sie miterleben lassen, wie die Auseinandersetzung mit diesem Thema mein Leben, meine Anschauungen und letztlich auch mich zunehmend verändert und bereichert hat. Vieles ist dadurch für mich anders geworden. Ich sehe die Dinge heute mit anderen Augen. Ich begegne Menschen heute auf eine andere Art und Weise. Ich habe sogar endlich gelernt zuzuhören. (Und das war nicht einfach, wie Sie wissen ...). Ich habe gelernt, den Wert eines jeden Menschen zu erkennen und zu schätzen. Ich habe herausgefunden, was Würde für mich ist und warum es so wichtig ist, diese zu schützen und zu bewahren. Ich habe erkannt, dass wir für diese Erde und die Menschen, die auf ihr leben, verantwortlich sind. Dass uns alles, was einen Menschen in seinem Mensch-Sein bedroht und verletzt, etwas angeht und wir unsere Augen nicht davor verschließen dürfen. Und, und, und ... Diese Liste könnte noch lange weitergeführt werden ...

Auf alle Fälle aber habe ich gelernt, dass die ideellen und auch die praktischen Inhalte der Hospizbewegung nicht nur im Umgang mit Sterbenden, sondern auch im Umgang mit Lebenden von unschätzbarem Wert sind und mühelos ins alltägliche Leben integriert werden können.

Ich habe Sie hier an meinen sehr persönlichen Gedanken teilhaben lassen. Es sind Gedanken, die jeden Menschen umtreiben, wenn es um Tod und Sterben und all die damit verbundenen elementaren Dinge unseres Lebens geht. Und doch haben diese Gedanken mich weitergeführt auf meinem Weg und haben mich Zusammenhänge erkennen lassen, die ich vorher nicht gesehen hatte und die ich unter anderen Umständen wohl auch nicht gesehen hätte. Ich weiß, dass ich mich in diesem Buch nicht immer von meiner vorteilhaftesten Seite zeige. Dafür aber von meiner menschlichsten.

Dank

Auf meinem Weg durfte ich viele wunderbare Menschen kennenlernen. Für diese Begegnungen bin ich sehr dankbar, denn auch sie haben mein Leben bereichert und meine Perspektive erweitert. All diesen Menschen, die sich in den Dienst der Nächstenliebe gestellt haben, die sich für den Schutz und die Würde jedes Menschen engagieren und starkmachen, möchte ich meine größte Hochachtung und meinen Dank aussprechen.

Ich bin Cicely Saunders dankbar. Dieser mitfühlenden, weitblickenden und zupackenden Frau, der es gelungen ist, dem Begriff Menschlichkeit eine neue Bedeutung zu verleihen. Und all den Menschen, die es sich zur Aufgabe gemacht haben, den Leitsätzen und den Grundgedanken der Hospizbewegung nachzufolgen und sie in die Tat umzusetzen und zu leben, möchte ich ebenso meinen Dank aussprechen. Ich wünsche ihnen von ganzem Herzen viel Kraft, innere Überzeugung und vor allem die nicht versiegende Gabe, Liebe zu schenken und sie auch annehmen zu können. Vor allem aber wünsche ich ihnen auch den Mut, niemals aufzugeben und sich von Misserfolgen und Enttäuschungen nicht von ihrem Tun abbringen zu lassen. Gerade in der Hospizbegleitung klaffen Theorie und Praxis meist meilenweit auseinander und ich weiß aus eigener Erfahrung, wie schwer es ist, sein Tun nicht in dem Maße belohnt zu sehen, wie man es sich gewünscht oder erhofft hätte. Doch wir dürfen darauf vertrauen, dass Fehler, die wir machen, dazu dienen, daraus zu lernen und daran zu wachsen. Solange unser Tun von echter Fürsorge und Nächstenliebe getragen ist, können wir im Grunde nichts falsch machen.

Mein ganz besonderer Dank aber gilt all jenen Menschen, denen ich im Angesicht des Todes begegnen durfte. In diesen zutiefst menschlichen und berührenden Begegnungen konnte ich eine Mystik des Lebens erfahren, die jenseits von Verstand und Wissen liegt. Die aber eine Wahrheit enthält, dem unser aller Leben zugrunde liegt.

Bei einem meiner Besuche in einem Hospiz saß ich am Bett einer Sterbenden. Sie nahm meine Hand in die ihre und blickte mich mit wissenden Augen an. Nach einer Weile sagte sie: „Folgen Sie immer der Wahrheit! Sie müssen die Wahrheit leben, sonst holt sie Sie zur Unzeit ein." Wie ich später erfuhr, sollen dies ihre letzten Worte gewesen sein.

Dieses Buch ist ein Versuch, der Wahrheit – wie ich sie empfinde – zu folgen. Ich danke Ihnen, dass Sie mich bei meinen Gehversuchen begleitet haben!

Zu guter Letzt möchte ich noch meiner Schwester danken, der es aufgrund unserer engen Verbundenheit gelungen ist, meine Erfahrungen und Gedanken in Worte zu fassen.

Die Tür, durch die wir alle gehen
Die Tür, durch die wir alle gehen,
ist niemals ganz geschlossen:
Dann und wann
geht ein Windhauch hindurch,
so kalt, dass es uns fröstelt,
dann und wann
bricht ein Lichtstrahl hervor,
so hell, dass er uns blendet,
Jeder Tag, den wir leben,
bringt uns ihr näher.
Jeder Schritt, den wir tun,
führt auf sie zu.
Kein Schlüssel passt,

sie ganz zu schließen.
Kein Auge vermag,
durch sie hindurch zu sehen.
In ihr liegt ein großes Versprechen:
Nichts endet.
Wir werden weitergehen.
(Diana Gräfin zu Waldburg-Zeil)

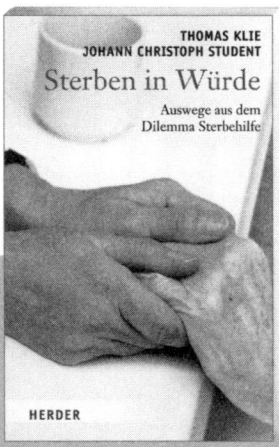